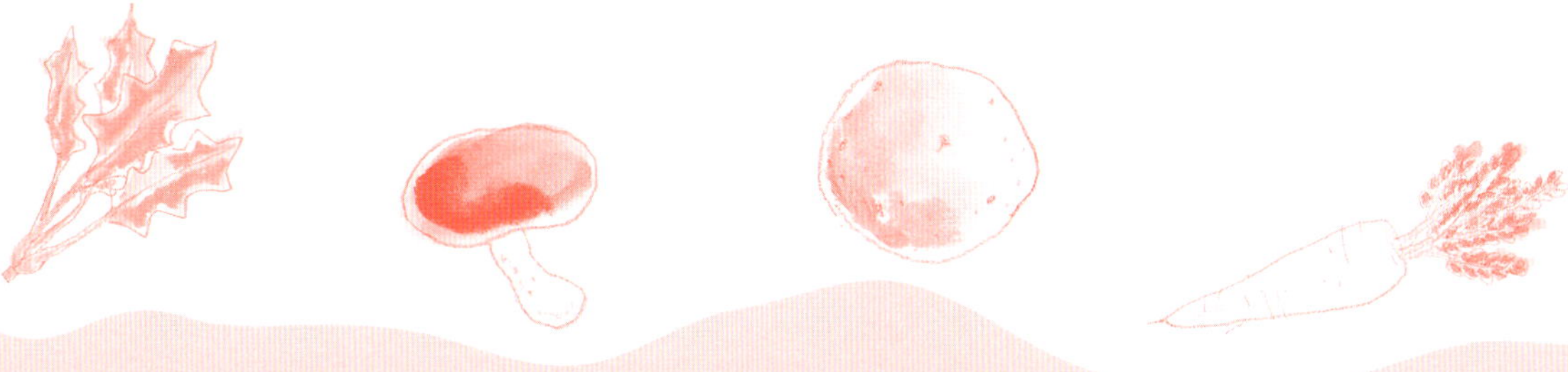

おいしくできる きちんとわかる 基本の家庭料理

和食篇

変わらない基本を新しいあしらいで

「家庭料理基礎篇」を昭和の初期に著して、料理の学び方の急所を示された沢崎梅子先生に、私がお目にかかったのは、母にすすめられて通った料理教室が最初でした。

その「娘のための基礎料理教室」で梅子先生は、毎週「一週間分の献立」を立てることを宿題にされました。それを一枚一枚ていねいにごらんになりながら未熟な若い娘たちをどのように導いていったらよいのか、とてもだいじに考えておられたのでしょう。その、お料理に対する当時の先生の真摯な姿勢と深い愛情が感じられ、お料理をつくる楽しさ、おいしいものをいただくうれしさ、そして一つ目標に向かって集中するおもしろさをあのころから覚えたように思います。

その後、梅子先生の弟子であった現在の姑、本谷滋子氏のそばで料理を「よく見る」「よく聞く」「よくする」（幼児生活団時代に羽仁もと子先生から何度も伺ったこと）姿勢で、学び続けられた環境は、大変恵まれたことでした。この環境がなかったら月刊『婦人之友』の仕事（一九九二年一月号〜十二カ月連載の「My Cooking」）

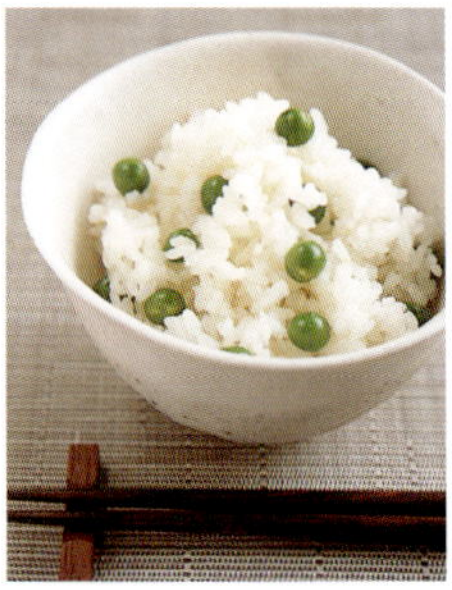

をすることもなかったことでしょう。

それ以来、長い間の家庭生活の中で、私は食卓の魅力が家族のきずなをつくり、つよめ、温かい家庭の歴史を育むことを実感してきました。そのために努力してきたことが少しずつ積み重ねられて私のささやかな知識、知恵、経験になり、そこに使命と情熱を持ちはじめたのでしょうか。

先人たちに、くり返し、くり返し、身をもって何度も教えられた「真実は一つ」「変わらない基本」を、次の世代へ私たちの新しいあしらいで伝えたい、残したい、という願いを長い間、心の中に持ち続けました。

この度、婦人之友社がこれからの五十年、百年に向けて、それに取り組んで下さったことは、この上もなくうれしく、大きな喜びと感謝でございます。

心身の健康を保つために、毎日、何をどれだけ、どのようにつくって食べていったらよいのか？

旬のもの、地のものを使った、栄養のバランスのとれた素直な家庭料理とは？　心のこもった、センスのいい、楽しい食卓はどう演出したらよいのか？　そのための献立とは？　そんな問いに、この本は、かならず答えてくれることでしょう。

皆様のいろいろな場面で、お役に立てていただければ幸いに存じます。

二〇〇五年　三月十八日

本谷　恵津子

もとやえつこ

料理研究家。上智大学在学中に「友の会」主催の料理教室に三年間通い、沢崎梅子氏、本谷滋子氏に家庭料理の基礎を学ぶ。以来、料理への興味はさらに広がり、特にイタリア料理は現地をたびたび訪れて研鑽を積む。暮らしと食を見事に結びつけたレシピと、元気を引き出す話術で講演会、講習会は常に人気。自由学園ほかで指導も。著書に『今日も笑顔で台所』（本社刊）『昆布水だし料理帖』ほか多数。

「世界に一つの料理帖」に

レシピに頼らなくても、その料理に適した火加減や味つけがわかるようになると、毎日の食事づくりはおやっと思うほど楽になるもの。そんな一生使える実力がつく本です。昭和初期、「味の型紙」や「目秤り、手秤り」を掲載してロングセラーとなった小社刊「家庭料理基礎篇」を土台に、その著者、沢崎梅子さんに料理の手ほどきを受けた本谷惠津子さん監修のもとに、新しい情報を加えて再編集しました。

この本の編集をすすめていたある日、編集部に1通のメールが届きました。

「…最近料理をはじめた夫が、どの本を見ても〝さっと、少々〟などの言葉が多くてわかりにくい、具体的に書いてあれば僕だってずっとらくに料理ができるのにと、嘆いています。」

と、きちんと詳細まで記した本の出版を願う便りでした。

掲載した料理はすべて婦人之友社の台所でもつくり、「じゃが芋は○分でやわらかくなりました！」「のり巻きの酢めしは何グラム入った？」などと、基本の本にふさわしいつくり方か、仕上がりの味加減はどうかと試してみました。

料理は材料や鍋の状態、火加減などの微妙なちがいで仕上がりが大きく変わってきます。加えて人の好みやその日の健康状態に合わせるという加減がむずかしいこともだいじな要素ですから、もしかしたら「適当」、「少々」、「しばらく」などの表現がいちばんおいしく仕上げられることかも知れません。しかし、ここでは「初心者にもきちんとわかる」を旨としておりますので、あえておよその目安を具体的な数で示しました。

2回3回とつくっていくうちに、最初は気がつかなかったなぜ？　の疑問が必ず出てきます。つくり方の後にまとめたコツや失敗対策の「Q&A」や、調理法別の基本のページ「みえないコツが見えてくる」もきっとお役に立つことと思います。

実際に料理をして気がついたことを、この本の余白にどんどん書き込んで、世界にたった一冊の、何よりも使いやすい、だいじな料理帖に育てていただきたいと願っております。

婦人之友社編集部

＊レシピの材料表について

材料：芋なら皮をむいたり、さやものはさやから出した正味の量（調理をはじめる際の分量）を記しました。

調味料：はじめに2/3ほどを入れ、味見をしてから仕上げることを基本としてください。

＊この本で使用している1カップは200ml、大さじ1は15ml、小さじ1は5mlです。

＊料理のエネルギーと塩分の数値は、1人分です（五訂食品成分表による）。

＊「全国友の会」は、羽仁もと子を中心に『婦人之友』の愛読者たちによって生まれた団体です。会員は約2万3000人。海外も含め188の友の会があり、各地で生活講習会、料理教室を開催しています。
(http://www2.ocn.ne.jp/~zentomo/)

目次

CONTENTS

基本

ご飯・汁もの・めん（前ページよりつづく）

主菜の一皿

レシピ

すまし汁

煮もの

みそ汁

鍋もの

蒸しもの

めん

焼きもの

野菜のおかず

揚げもの

おさしみ

酢のもの・和えもの

野菜の煮もの

台所からのQuestion
知りたいことから引くさくいん

基本

はかる

調味料

道具

栄養

ご飯

汁もの

煮もの

この本に載っているレシピを組み合わせると、ふだんの朝昼夜の食事、四季折々の食卓がととのえられます。「野菜――肉・魚」の材料軸をもとに料理名をならべてあるので、同じ列にかたよらないように選ぶと、しぜんにバランスがよくなるでしょう。

保は「つくりおいても味がおちない」料理、早は「手早くできる」料理、です。手順や火口の参考になさってください。

← 食品数が多くなる　　　　食品数が少なくなる →

■品目数の多い主菜	■野菜をプラス、または豆製品や卵の主菜	■肉・魚の主菜	肉 魚
肉じゃが　p.73 炒りどり　p.74 寄せ鍋　p.81 たらちり　p.82 早豆乳鍋　p.82 牛鍋チゲ風　p.82 すきやき　p.83 おでん　p.84	豚大根　p.75 ぶり大根　p.75 早生たらこと京がんもの炊き合わせ　p.78 早湯豆腐　p.82	煮豚　p.76 豚の梅酒煮　p.76 早かれいの煮つけ　p.77 きんめだいとごぼう　p.78 いわしの梅干し煮　p.79 早いかの煮つけ　p.79 さばのみそ煮　p.80	煮る
	早カルビ焼き　p.97 早薄焼き卵　p.98 厚焼き卵　p.99・100 早炒り卵　p.100	あじの塩焼き　p.90 魚の粕漬けみそ風味　p.92 早とりの照り焼き　p.93 ぶりの照り焼き　p.94 幽庵焼き　p.95 早豚のしょうが焼き　p.96 豚肉のみそ漬け焼き　p.97	焼く
（茶碗蒸し　p.85） 中華風茶碗蒸し　p.89	蒸しどりのごまソースかけ　p.88 卵豆腐　p.88 さわらの酒蒸し　p.89	蒸しどり　p.88 魚の酢蒸し　p.89 早貝の酒蒸し　p.89	蒸す
てんぷら　p.101 精進揚げ　p.104 かき揚げ　p.104	小あじのから揚げサラダ風　p.108 保小あじの南蛮漬け　p.110 小あじの野菜あんかけ　p.110 つみれ揚げ　p.59	とりのから揚げ　p.112 さばの竜田揚げ　p.111	揚げる
	かつおのたたき　p.91	おさしみ　p.117 しめさば　p.116 たいの昆布じめ　p.116	生

鍋ものの食卓には、「野菜の副菜」の列にあるシンプルな青菜の一鉢や、冷やしたひと塩野菜など、あるとうれしいもの。

卵料理は朝食なら主菜になり、おべんとうにも活躍。味も彩りも効果的に使える一品です。

この縦列の料理はつけ合わせが少量なので、ほかの器に野菜をたっぷり使いましょう。「品目数の多い副菜」の列にあるおろし和えや実だくさんの汁ものなど。

さっぱりした酢のものや、シンプルな塩ゆで野菜、みそ汁をとり合わせて。

おさしみには温かい汁もの、野菜の炊き合わせなどを組み合わせましょう。

食品数が多くなる →

■主菜を兼ねたご飯もの

早三色ご飯　p.35
早親子丼　p.42
五目ちらし　p.46
かつおの手こねずし　p.49
早きじ焼き丼　p.93
いわしの蒲焼き丼　p.95
早カルビ丼　p.97
てん丼　p.105
海鮮丼　p.113
山かけ丼　p.113

肉みそサラダうどん　p.67
早豚と高菜の汁そば　p.68

魚介を盛ったおすしや、肉をたっぷりのせた丼ものにはほかの主菜ははいりません。

一汁三菜を考えるとき、●主食のご飯ものから1点　●汁ものから1点　●主菜から1点　●副菜から1〜2点　ピックアップします。

このページの見とり図

今夜の食卓がすぐととのう

献立作成マップ

野菜

食品数が少なくなる ⟷ 食品数が多くなる

温かいもの

■単品野菜の副菜

- 里芋の含め煮　p.136
- ふきの含め煮　p.139
- なすの茶せん煮　p.139
- ふろふき大根　p.140
- 高野豆腐の含め煮　p.142
- 保 こんにゃくの旨煮　p.142
- 早 きんぴらごぼう　p.143
- 早 かぼちゃの甘煮　p.146
- 保 うずら豆の甘煮　p.147

■食材を1～2品プラスした副菜

- 早 小松菜の煮びたし　p.137
- 若竹煮　p.138
- かぶのそぼろ煮　p.137
- 保 ひじきときくらげの佃煮風　p.145
- 保 すき昆布の土佐煮　p.145
- 早 さつま芋とりんごの甘煮　p.147

■品目数の多い副菜

- 野菜の煮しめ　p.141
- 保 五目煮豆　p.143
- 保 五目酢炒り　p.144
- 保 切り干し大根と油揚げの煮もの　p.144
- 保 ひじきと油揚げの煮もの　p.145
- うの花炒り　p.146

和えもの

■単品野菜の副菜

- 早 ほうれん草のおひたし　p.124
- 早 きゅうりもみ　p.130
- 保 紅白なます　p.131
- 保 かぶのあちゃら　p.131
- 保 菊花かぶ　p.131
- 青菜のごま和え　p.133
- ごま酢和え　p.133
- 早 菜の花のからし和え　p.134

■食材を1～2品プラスした副菜

- 早 きゅうりとわかめの酢のもの　p.130
- 保 ひと塩野菜　p.130
- 火いらずのおろし和え　p.132
- わけぎといかのぬた　p.135

■品目数の多い副菜

- 大豆と揚げさつま芋のおろし和え　p.132
- 白和え　p.134

汁

汁もの

■野菜の汁

- 早 豆腐と生しいたけと三つ葉のすまし汁　p.54
- 早 大根と油揚げのみそ汁　p.60
- 冷たいなすのみそ汁 p.63
- よもぎ麩の白みそ仕立て　p.64
- 赤だしのみそ汁 p.64

■肉や魚介の入った汁

- 早 かきたま汁 p.57
- たいの潮汁 p.58
- 早 はまぐりの潮汁　p58
- いわしのつみれ汁 p.59
- 早 しじみのみそ汁　p.64

■実だくさん

- 沢煮椀　p.56
- けんちん汁　p.56
- 豚汁 p.65
- 粕汁 p.65

ご飯

食品数が少なくなる

ご飯・めん

■白飯・おかゆ

- 白飯　p.32
- 白がゆ　p.44
- おかゆのとろとろあん　p.44
- 七草がゆ p.45
- 黒ごまがゆ　p.45
- 早 かき雑炊 p.45
- 早 卵雑炊 p.45
- 押し麦のオートミール風　p.45

■食材を1～2品プラス

- 豆ご飯（ふじ飯）　p.34
- 青豆ご飯 p.36
- お赤飯 p.37
- 栗ご飯　p.38
- しょうがご飯　p.39
- 早 菜めし　p.39
- 早 じゃこ高菜ご飯　p.39
- まつたけご飯　p.40
- しめじご飯　p.41
- 麦とろ　p.43

■具だくさん

- 五目炊き込みご飯　p.40
- たけのこご飯　p.41
- 秋のきのこずし　p.47
- いなりずし　p.50
- のり巻き　p.51

- 早 きつねうどん　p.66

旬の野菜を使って煮もの、和えものを用意し、お吸いもの代わりに茶碗蒸しでもそえれば、季節のおもてなしメニューになります。

「お料理は必ず上手になります」

――家庭料理の基礎を築いた沢崎梅子さんの料理上達法――

沢崎梅子さん（一八八五～一九七七年）は昭和の初期から、料理の味や素材の質ばかりでなく、栄養、労力、時間、エネルギー、経済性など、食に関するすべてに独自の新しい視点を向け、おいしく合理的な家庭料理のあり方を提案されていました。今も色褪せないその基本的な考え方・姿勢を、沢崎さんの言葉からご紹介します。

どんなレシピにも対応できる力とは？

この本で、はっきり身につく「家庭料理の5つの方法」

1 生

和食ではおさしみ、酢のもの。素早く切って、美しく盛りつける、手早い調理がポイントです。

↓P113～

2 煮る

重要なのは火加減。沸騰までは強火、そして温度が下がらないていどに弱火で煮るのが基本です。

↓P70～

3 焼く

肉や魚の表面と内部の温度差が大きいのが「焼く」調理の特徴。外はこんがり、中はほどよく火を通す。

↓P90～

4 蒸す

焦げる心配はありませんが、かといって蒸しすぎは禁物。「蒸気で火を通す」コツをおさえます。

↓P85～

5 揚げる

カラッと揚げる決め手は、衣の性質を知ることと、温まりやすく冷めやすい油の温度の保ち方。

↓P101～

料理には五つの方法しかありません

お料理は一品一品統一なく覚えようとするとたいへん複雑なようですが、毎日の献立に加えるようなお料理法は「生」「煮る」「焼く」「蒸す」「揚げる」という五つの方法に整理できます。調味料の種類も、しょう油、砂糖、塩、酢、辛味、の五種です。どんなにめんどうなように思えても、すべての料理はこの五つの方法、この五つの味のくみ合わせによってできるものですから、これらの基本的なことをはっきり身につければ、さまざまな料理もきっとらくに覚えられ、応用も自在になると思います。

料理がもっと上達するためには ただつくるだけでなく……

伝えることで学ぶ

よかったと思う体験をほかの人に伝えてみると、自分の学び方、覚え方にあやふやな点がないかわかってくる

考え整理して記録する

なぜこうするのだろうかと、考えて整理しながら記録すると、その理由がハッキリ頭に入る

料理上手になるために

とくにこれから料理を学びたい若い方々に「学び方、習い方、覚え方、伝え方」ということを申し上げておきましょう。

●**学び方**　先生から、お母様から、あるいは本の中からお料理を学ぶときは「注意深く」見たり、聞いたり、読むことが大切です。

●**習い方**　学んだことを少なくとも三度はつくって役に立たせてみることです。

●**覚え方**　やってみたことも、上手に整理しておかないと、いつの間にか忘れてしまいます。誰でも料理のノートはお持ちのようですが、ただ材料、調味料、分量などを機械的にしるすだけではなく「なぜ」こうするのだろうかと、考えて整理しながら記録するようになると、紙の上に残るだけでなく、考えることによって、その理由がはっきり頭に入るので、それと同様な場合の調理に出合ったときにもすぐによくわかります。

●**伝え方**　さて、ただ覚えただけでは、これもだんだん忘れがちになります。一番よい方法は家族やお友だちに伝えてみることです。教えるほどの自信はなくても、よかったと思う一つの体験を、人にも分けたいという心持ちで試みてください。説明しようとすると、自分の学び方、覚え方のあやふやな点がはっきりとわかってきます。自分だけのものにしておかないことは何よりの勉強法です。こうした自分の経験を大切にしていますと、専門の人の話をきいても、本を読んでも、よい料理を味わったときでも、そこから本当の独学ができるようになり、お料理は必ず上手になります。

「3度実験ノートいらず」の勉強法で

1度目

本の通りに注意深く料理をしてみる

→

2度目

材料の違い、食べる人の年齢、好み、習慣を考えてつくる

→

3度目

自分のよいと思うやり方・工夫がわかり、ほんとうに楽しみになる

※このようにポイントをおさえ、重ねて料理をすることで、本やノートを頼らなくても上手にできるようになります。

実際につくってみることが大切

お料理はただ学んで、ノートしておくだけではけっして上手にはなれません。つくってみることが大切です。私は「三度実験ノートいらず」といって、皆様に「習ったものを三度はしてごらんなさい」と勧めておりますが、これはただ同じことを三度くり返すというのではありません。

この本にはご飯を炊くこと、お汁をつくること、煮もの、焼きものなど基本になるものを拾い上げてありますから、まずこれを土台にして一度目は注意深くやってみてください。するとそのときの材料の違い、家族の人の年齢、好み、習慣そのほかのいろいろの違いで、家ではこうした方がよいということが必ず発見されるでしょう。二度目にはそれらを考えながらやってみます。ここで自分のよいと思うやり方の見当もつき、工夫も出て三度目にすることが本当に楽しみになってきます。

羽仁もと子先生*が自由学園の生徒に「事前整備、事後整備」ということを指導されておりましたが、私はこれは料理をするときにもたいへん大切な点だと思っています。これはただ前準備や後かたづけをよくするということではなく、最初によく考えて事にあたれば、その結果が必ずその仕事の急所を会得させてくれるものです。そうして得た経験を大切にすることが、次の仕事のよい事前整備になると、若い方々にお話ししております。

＊羽仁もと子（１８７３〜１９５７）１９０３年『婦人之友』創刊。当初より家庭料理の質の充実にも力を入れ、１９２１年には自由学園を創立。生徒自らが昼食を用意する実学教育は今も変わらない。

家庭料理にかかせない
「7つのバランス」を上手にとる

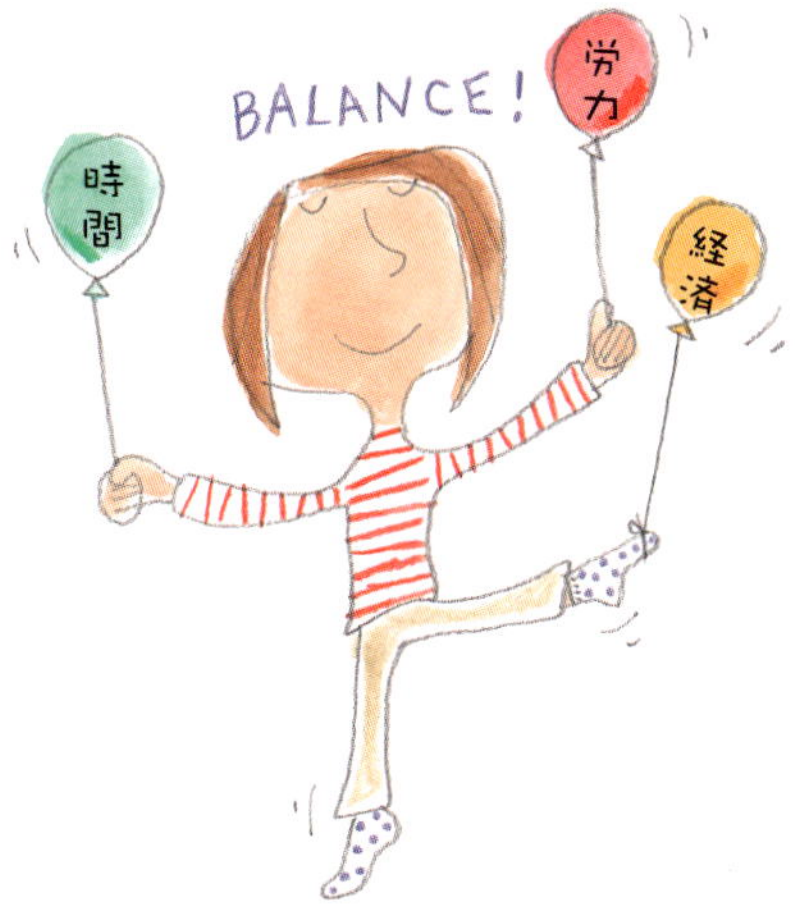

たとえば…時間、労力、経済性

時と場合によって優先順位も変化する。それを見極めてバランスを上手にとれれば、あなたも食生活の経営上手に

たとえば…火加減

よくよく観察して加減のコツを身につけることで、料理のできだけでなく経済性も向上する

家庭料理に大切な七つの立場とバランス

家庭料理は、費用にかまわず、ただおいしく、美しくつくればよいものではありません。一定の予算内で、手早くおいしく栄養にも叶うよう、また適当な分量を家中の人の健康のために食べさせることが条件だと思います。私はこれらを七つの立場から考えてみることにしています。経済ということを中心にして、質、量、味、火、時間、労力という六つの条件でかこんだ上の図をごらんください。

料理はいつも材料を相手にする仕事です。あつかう材料の性質を知ることによって、はじめてよい料理ができるのです。

大根を例にして考えてみましょう。先に書きました料理法五つのうちのどれが適当かを考えますと、根菜の中で生のまま食べられるものはたくさんありませんが、大根は生で食べておいしい材料です。漬けもの、塩もみ、大根おろしなどはビタミンCを摂るのによい食べ方です。葉がいきいきして新しいものはおろしに使うことにします。買いおきの何日もたったものを大根おろしにするのでは質を生かすことにはなりません。

おろし一つにしても、時間、栄養、経済のこと、味のとり合わせがからみます。たとえば仕事の手順として早目におろしをつくりたくても、栄養の損失を考えると食事の直前にその時間をまわさなければなりません。しかし労力の都合で多少栄養の不経済をよぎなくする場合もありましょう。

時間、労力、経済のやりくりはままあることです。経済を主にするために時間も労力もいとわない場合、

すぐに役立つ「目秤り手秤り」
あなたも見つけてみませんか？

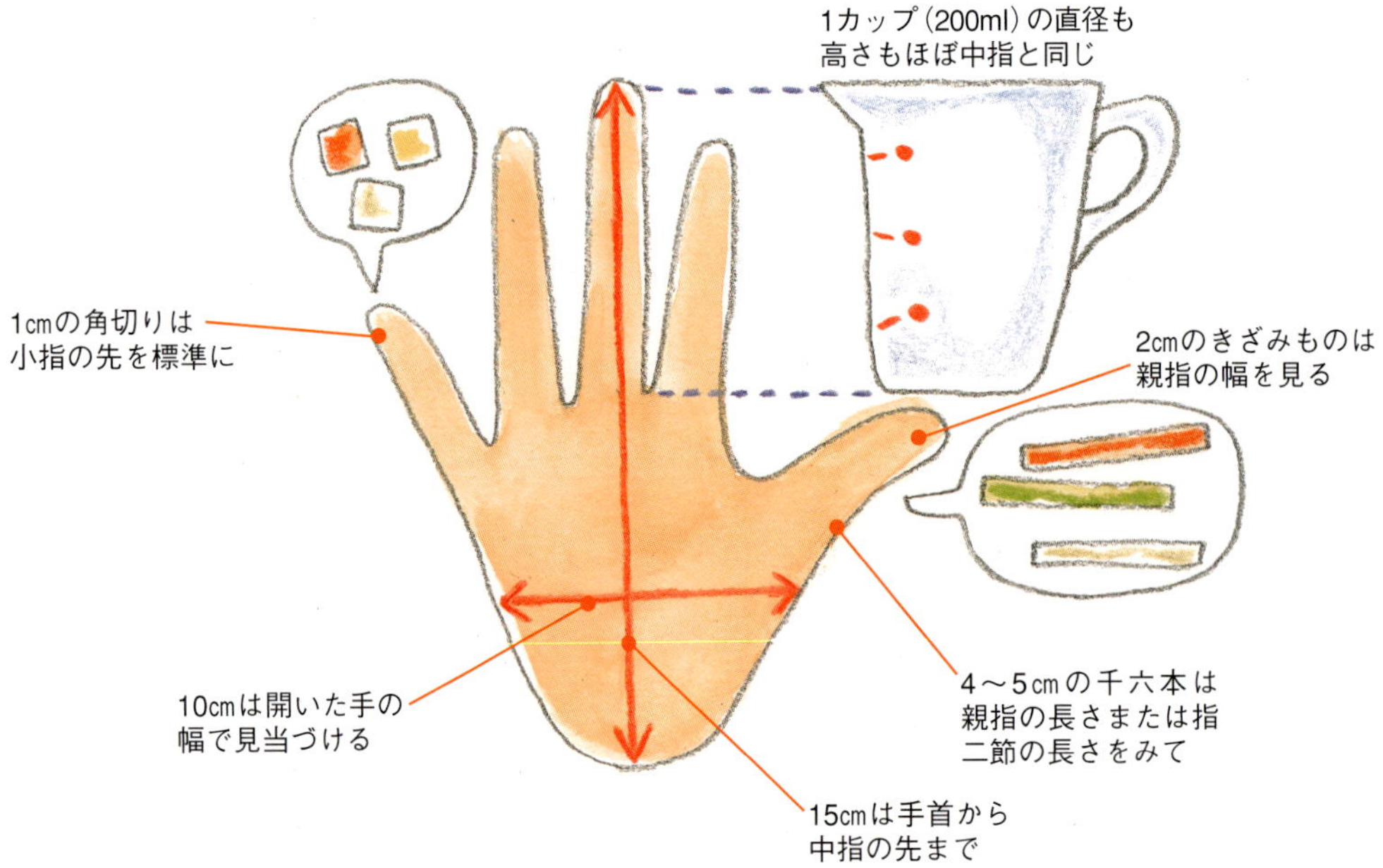
1カップ（200ml）の直径も
高さもほぼ中指と同じ
1cmの角切りは
小指の先を標準に
2cmのきざみものは
親指の幅を見る
4～5cmの千六本は
親指の長さまたは指
二節の長さをみて
10cmは開いた手の
幅で見当づける
15cmは手首から
中指の先まで

時間と労力を省くためには経済を考えていられない場合もあります。このバランスを上手にとるのが食生活の経営の上手な人といえましょう。

味つけの点でも、量と経済が関連します。大根のそめおろし（しょう油味）にしてもおろし和え（酢味）にしても、材料の量と調味料のバランスが適当ならばよいのですが、これが少なくても多くても味はわるくなり、不経済なことがおこります。

同じ大根を煮ます。年配の人の好むふろふきや、含め煮は、大根にはたんぱく質もカロリーも少ないのですが、量的にはたくさん食べられ、満腹感を覚えます。これに甘いみそや、肉そぼろをそえたり、油揚げといっしょにした千つき汁は栄養的にもよい料理になります。若い人のためには、脂肪の多い豚のこまぎれをあしらうと大根の味がよくなるばかりでなく、大根に少ないたんぱく質やカロリーが補えることになります。こうしたことが材料の質を互いに生かし合うことになるわけでしょう。

料理のでき不できは火の加減といってもよいくらいのものです。強火、中火、弱火といっても最初はそのていどをわかりかねるでしょうけれど、何度か実際にやって注意深く観察し、研究すればきっとその常識が得られると思います。火加減をあつかう上手下手は非常に経済にひびいてくるものです。

以上のように材料の特質を知って、栄養の損失を少なく上手に使いこなし、その適量を見当づけておいしく味をつけ、火加減と順序のよい働き方を身につければ、すべての点に無駄のない、よい家庭の食事がどなたにもきっとできるのだと思います。

「目秤り」の精度は
こうして向上させる

※これらは私自身の手の大きさを基準にしています。ぜひ一度、ご自身の手の寸法と大きさを研究して、ご自分だけの「手秤り」をつくってください。

材料を量るとき、目盛りだけを見るのではなく、目盛りといっしょにそのものの大きさ形、手に持った感じを心にとめるとよい

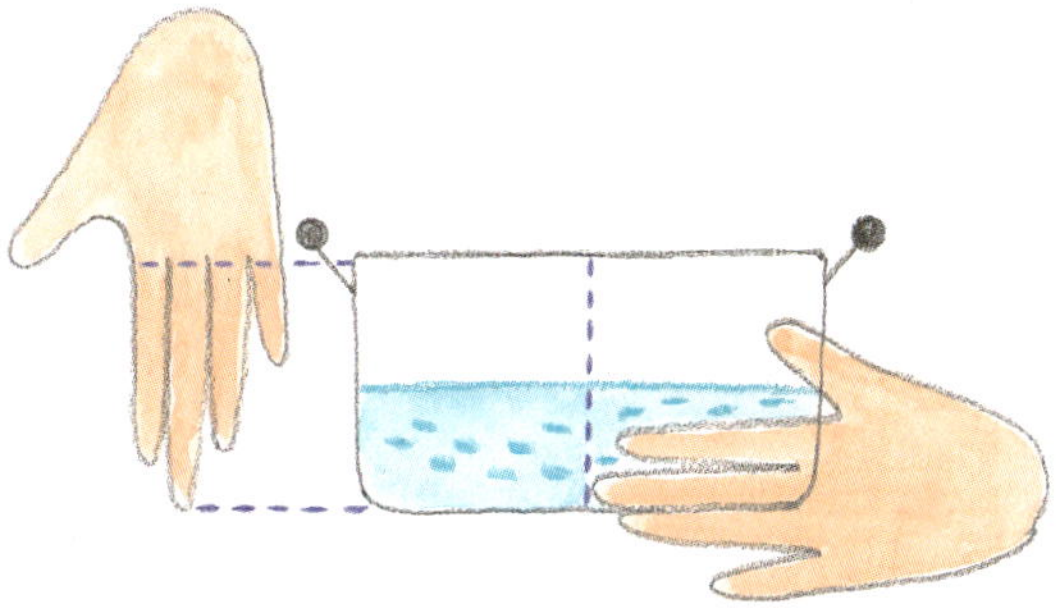

深さが中指ほどの長さ、直径がその2倍あれば、その鍋にはカップ4杯の水が入る。カップ2杯の水を入れたいときは、この鍋に半分水を入れればよい。水がどれくらい入っているかも見当がつけられる

目秤り　手秤り

けっしておきわすれることのない、誰の身にもついている、しかもいつでもすぐ役に立つ秤りのあるのをご存知でしょうか。

これは私がふと発見した秤りで、自分の手と、二つの目を秤りに代用するので、目秤り、手秤りと申しておりますが、使い慣れてみますと、計量の目安をつける基準にするには、たいそう重宝です。

お芋を2㎝角に切ろうとするときでも、大根を5㎝の千六本切りにするときでも、自分の手をちょっと当てて見ればよいのですから、まことに便利なのです。

手の寸法からこんなことも発見しました。200mlの計量カップの高さは、中指とほぼ同じ高さで、またその直径もほぼ同様ということがわかりましたので、湯のみでも、そのほかのものでも、高さと直径が中指と同じ長さなら、計量カップの代用となるわけです。

このカップには、みそのようなものでしたら約200gくらい入るので、お芋のこしたもの、ひき肉、あんこなどはだいたい同じと見当づけてよいでしょう。じゃが芋のつぶしたものを中指を手秤りして丸めて、カップの大きさくらいのものが二つできれば、約400gと見当をつけることができます。もしそのお芋でコロッケをこしらえるとすれば、カップ1杯（200g）に対して塩は小さじ1/3というのが最低の標準になるので（約1%）、小さじ1杯ほど加えればちょうどよい下味になるわけです。

カップ1杯ほどもないものを量る場合は、中指の三節の長さを利用しましょう。直径が中指くらいで、高

手秤り
片手にのる材料を基準にして

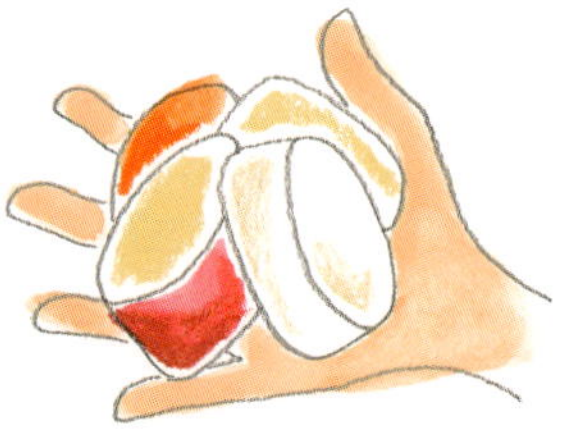

●卵大の根菜が四つのります。さつま芋、じゃが芋、人参など　**約200 g**

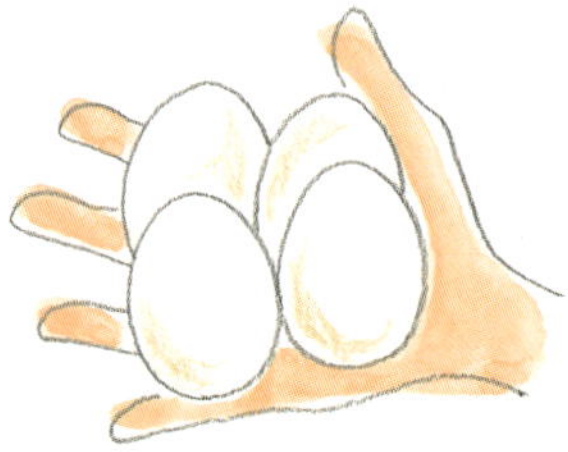

●卵が四つのります
約200 g

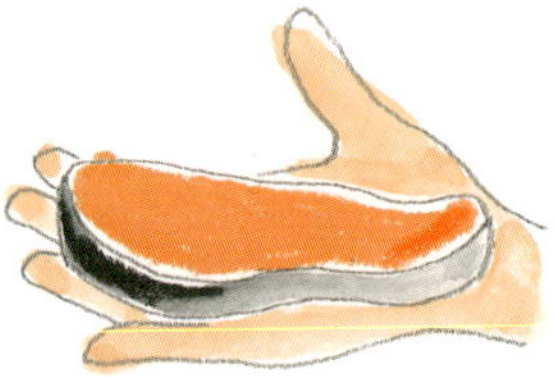

●親指小指以外の3本の指にのる魚の切り身。厚みは掌と同じくらい
70〜80 g、骨つきなら**100 g**

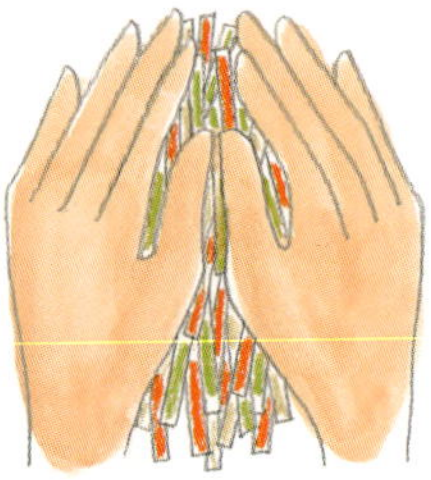

●卵大4個の野菜を刻むと、両手でかき合せたひとすくいに
約200 g

●刻んだ根菜類片手一杯
約100 g

さが指一節あれば、およそカップ$\frac{1}{3}$（60〜70g）と見当づけます。

お鍋の大きさにしても、この手秤りで水がどれくらい入るか見当がつきます。深さが中指ほどあり、直径が中指の長さの2倍あれば、その鍋にはカップ4杯の水が入るということ、カップ2杯の水を入れたいときは、この鍋に半分水を入れればよいということもだいたい見当づきます。これは材料を鍋に入れるときより、入っているものの見当をつけるときに役立ちます。

野菜を煮る場合、この鍋に半分の材料があるとします。材料がひたひたになるくらいに入れる水の量は、その材料の$\frac{1}{2}$あればよいので、その水なり、だしに対してしょう油はどのくらい入れるのが適当かが、すぐわかると思います。このようにすれば、いちいちカップを用いなくても、分量がほぼわかるのです。

もう一つは、人差指と親指でこしらえる輪の大きさです。材料をこの梅干し大の大きさにすると、およそ15gで、みそならかるく大さじ1杯の見当で、みそ汁1椀分です。ひき肉ならば、肉だんご1個分の見当がちょうどこの大きさです。丸めて15g前後のものはこの丸みと、覚えておかれるとよいでしょう。

おおかたの調味料は手で量るということはありませんが、塩だけは手を使う場合が多く、ふり塩などはことにこまかくふられますので、手秤りを応用なさってください。大量のお漬けもののときなどでも、一にぎりの塩の量がわかっていれば、いちいちはかりにかけなくてもちょうどよい加減の塩味をつけることができます。

丸いものの目方は卵を標準にしてごらんください。

塩を量るときには…

●指2本をはずすと約大さじ1杯分のこる（15g）。
約1kgの野菜の塩もみに

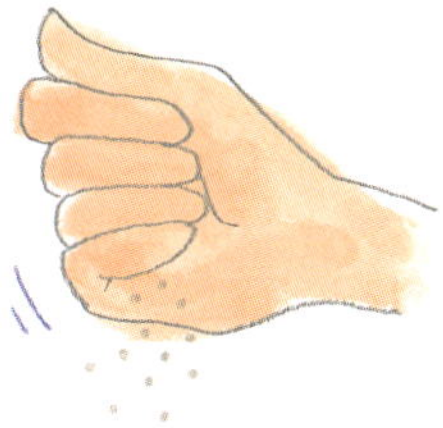

●ひとにぎり約大さじ2杯分（30g）。
1kgの白菜のつけものに

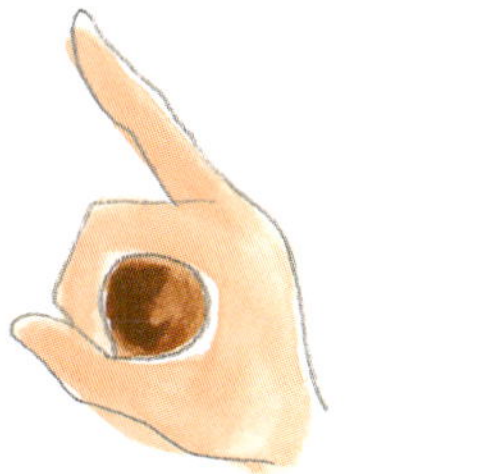

●人差指と親指でつくった輪の大きさは梅干大、みそをこの大きさに丸めると
一椀分のみその適量

●三本指でつまむと小さじ1/5、
一椀分のすまし汁の塩加減。
二本指では小さじ1/8、
卵焼き1個分に

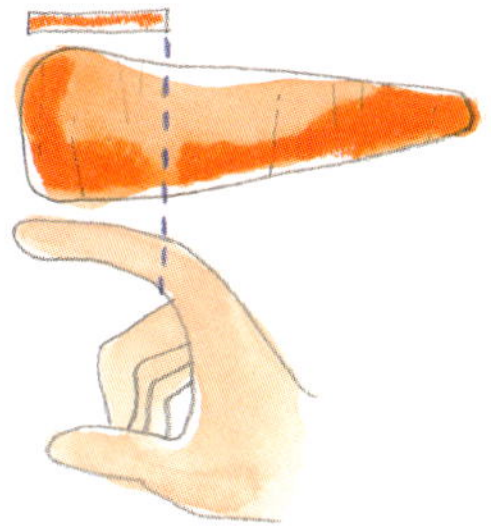

●せん切りをするときは指二節の寸法で

卵1個の目方は50～60gですが、同じ大きさの根菜類、ひき肉、みそなどはほぼ同じ目方があります。魚肉類は丸めて、卵大になる大きさがほぼ50～60gです。肉類を約50g食べれば、約10gのたんぱく質が摂れ、魚類からは8～10gです。

　卵1個の目方を基準にして根菜類、魚肉を量ってみますと、いずれも卵大のものの重さは、卵とほぼ同じ目方であることがわかりました。この卵大二つ分の野菜類を刻んでみますと、根菜類ならちょうど片方の掌にのり、約１００gです。一人が一日のうちに摂りたい野菜は４００gなので、こんな量を基準にしておくこともよいでしょう。

　この目秤り、手秤りは、調味料を見当づけるのに重宝なばかりでなく、でき上がったものを年齢によって盛り分けるときや自分の食べる量の加減もできるので、栄養の面でもたいへん役立ちます。ぜひみなさんも試してみてください。

長年『婦人之友』誌上の料理記事を執筆し、友の会の料理講習会では80代になってもなお、全国をまわられた故・沢崎梅子さん。“力は出せば出すほど増える”を信条に、誰にでも上手にできる料理法を広めた。「私は専門の学校で勉強したわけでなく、ごくふつうの主婦でした」と語ったが、婦人之友社から出版の著書『家庭料理基礎篇』は、当時ひとり暮らしをしていた詩人・高村光太郎にも「実に名著である」といわしめるほど、定評があった。

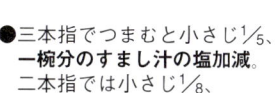

覚えておけばぴたりと決まる

調味料の計量のコツと味の目安

「このくらいかな?」「あ、入れすぎた…」という失敗はありませんか?
計量の基本と味つけの目安を覚えて、いつでもちょうどよい味に!

計量スプーン、カップの容量

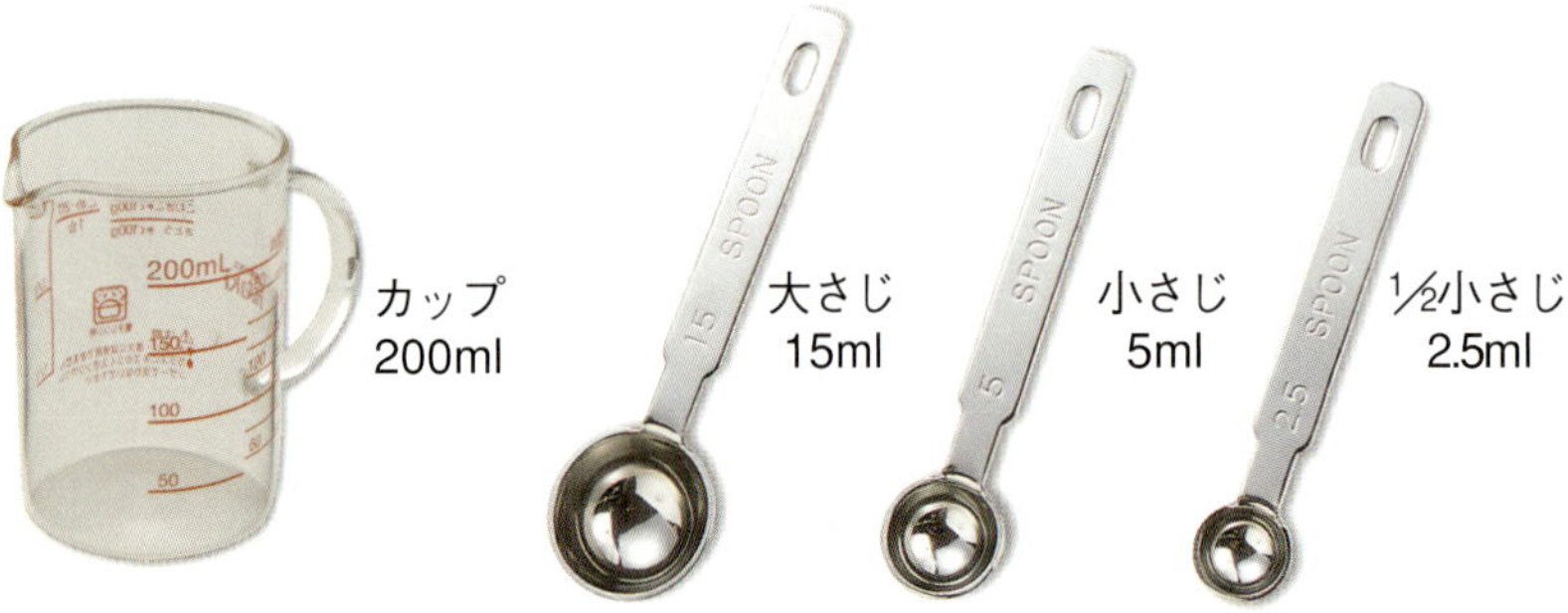

計量スプーンの使い方

液体 ふちまで一杯に満たす。表面張力で盛り上がる状態でよい。

大さじ半杯の量は、意外に多く見える
小さじと2分の1スプーンを使って量ってみて、どのへんまでくるか覚えておくとよい

粉類 すき間なく、盛り上げ加減に入れてすりきる

すりきり1杯
(基本)

$\frac{1}{4}$

$\frac{1}{2}$

お料理のたびに計量カップやスプーンで量って、すりきって……としなければいけませんか?

——計量カップやスプーンは、調味料のおよその見当と割合を身につけるためにはたいへん役に立ちます。レシピをみて初めてつくるときは、もとの味加減を知るためにも、材料、調味料を量りながらしてみるのがよいですね。

ただ家庭の台所ではそれだけの余裕がないことの方が多いでしょうから目秤り手秤り(P.16)のような見当づけの目を大いに養いたいものです。

計量スプーン、カップで量る調味料の重さ

食品名	小さじ(5ml)	大さじ(15ml)	カップ(200ml)
水	5g	15g	200g
酒	5g	15g	200g
酢	5g	15g	200g
天然塩(特殊製法)	5g	15g	180g
食塩/精製塩	6g	18g	240g
しょう油	6g	18g	230g
みりん	6g	18g	230g
みそ	6g	18g	230g
砂糖(上白糖)	3g	9g	130g
小麦粉	3g	9g	110g
片栗粉	3g	9g	130g
植物油	4g	12g	180g
バター	4g	12g	180g
紅茶	2g	6g	60g
煎茶	2g	6g	90g

唱えて覚えましょう
(大さじ一杯の重さ)

しょう油とみその塩分

和食では主に塩、しょう油、みそで塩味をつけます。それぞれの塩分量をつかむための、覚えやすい換算の目安を掲載しました。塩分の摂りすぎは生活習慣病の大敵。1日に摂取する量は10g以下に！

どれもみんな塩分1g

塩 小さじ1/5　しょう油 小さじ1　みそ 大さじ1/2

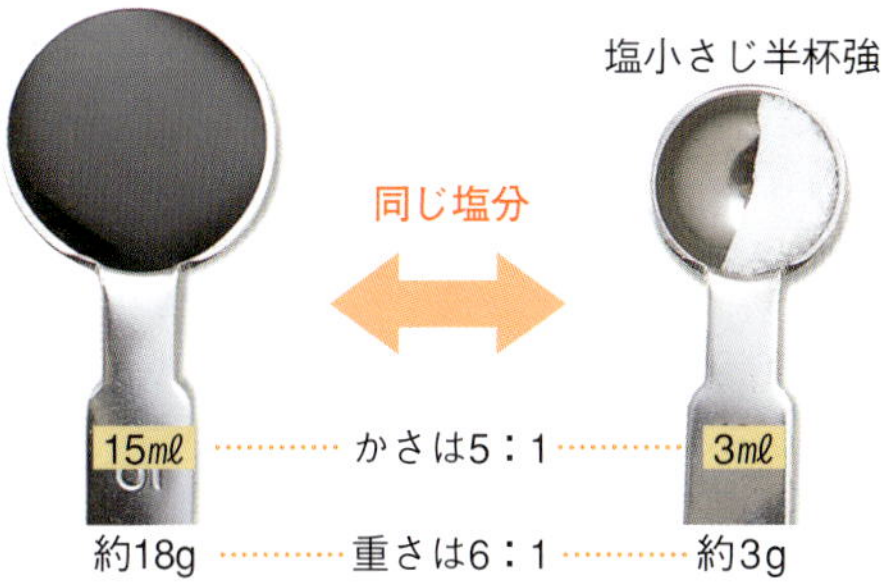

みりんと砂糖の甘み

みりんは砂糖に比べると弱い甘みなので、実際に砂糖をみりんにおきかえるときは、かさの約1.5倍（重さで3倍）のみりんを使うとよいでしょう。

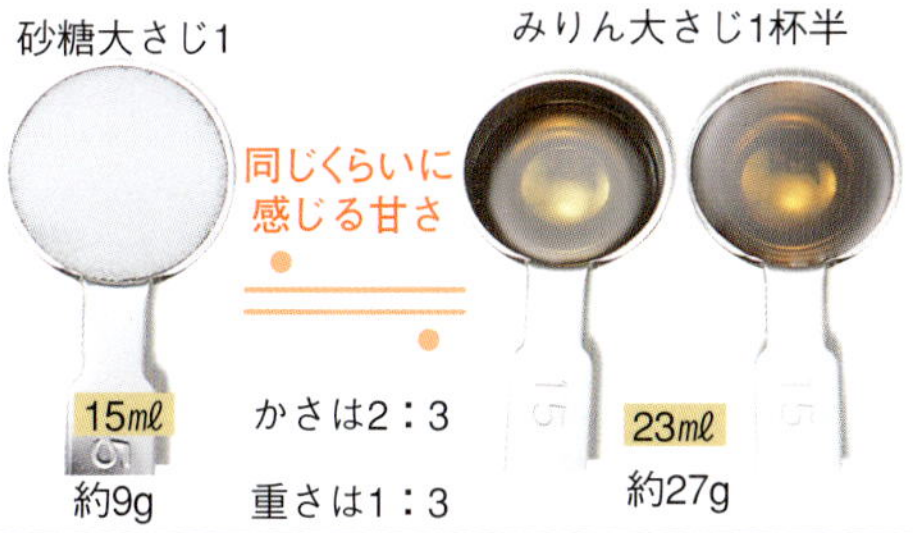

おいしく感じる塩分・糖分%の目安

塩分	料理名	糖分
0.6%	サラダ・スープ・オムレツ	
0.6～0.8%	すまし汁・みそ汁・けんちん汁 炊き込みご飯・シチュー	
0.5～1%	洋風の炒めもの・焼きもの・ おひたし・煮びたし・茶碗蒸し	
0.8～1.2%	炒めもの・おでん	0.5～1%
1～2%	卵とじ	1.5～4%
1.2～1.5%	里芋の煮つけ・炒りどり・酢豚	2～6%
2～3%	白身魚の煮つけ・	2～5%
	豚肉のしょうが焼き	1～3%
2～3%	さばのみそ煮・青魚の煮もの・	3～8%
	即席漬け	0

味つけの目安があると便利です

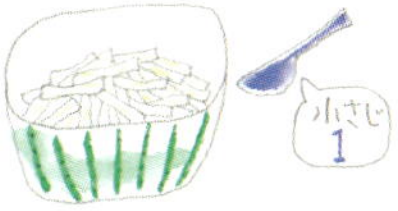

大根500gの塩もみには小さじ1杯（5g・1%）

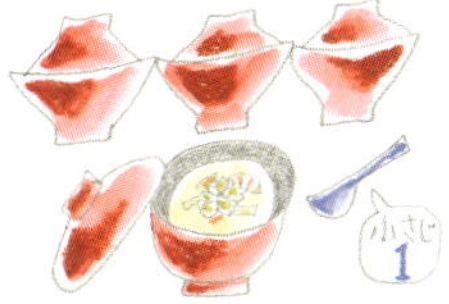

すまし汁4椀分に塩は小さじ1杯

親子丼、1人あたりしょう油は大さじ1杯

「おいしい味」の目安はありますか？

―味には、甘み、辛み、苦みなどもありますが、もっとも基本になるものは、塩味です。人間の血液の塩分濃度は平均して0.8～1%で、これと同じ塩加減がその人にとって快い味だとも言われています。

調味料は材料に対する%で出すとよいときましたが…。

―料理の味つけを割合（%）で計算することは面倒なようですが、覚えてしまうとその料理の材料や水分の量に合わせて調味料の目安をつけることができ、とくに大人数の場合、大きなまちがいがありません。（詳しくは小社刊「味つけの法則」に）。ここでは、塩分と甘みの重量%の目安と、基礎調味料の味の換算の仕方をご紹介しました。どんな場合も最後に味をみてととのえることは忘れずに……。

本ものの風味を選びましょう
味の土台をつくる基本の調味料

繊細な「和」の味つけを演出する調味料
少しこだわって選んでみませんか？

よい調味料を使うと、お料理がおいしくなりますか？

——塩をはじめ、和食に欠かせないしょう油、みそ、みりんなどの調味料は、「だし」（P.52）とともに、味の土台を形づくります。料理の初心者こそ、よい調味料を使うことでおいしい味に近づけると言ってもよいでしょう。

　既成の合わせ調味料もときには便利ですが、基本のものをきちんと選んでくみ合わせた方が、結局は応用自在で飽きがこず、なにより安心です。

　選ぶモノサシの一つは、よぶんなまぜものがなく、昔ながらの原料と製法に近いこと。強い旨みや過剰な味つけに慣れている人でも、本物の風味を知り、くり返し味わっているうちに、本来の心安らぐおいしさがわかってくるでしょう。

塩

もっとも基本的な調味料。塩辛い味をつけるだけでなく、全体の味を引きしめ、旨みを引き出したり、臭み、ぬめりをとる、水分を出す、保存、変色防止などにも使われます。自然塩はミネラル、旨み成分を含む塩の一般的な呼び方。調理には主にこちらを。

使い方のヒント

- 浸透が早く、材料を固くする性質もあるので、煮ものなどでは砂糖のあとに入れる。
- 塩けはあら熱がとれたていどがもっとも強く感じる。

しょう油

肉、魚、ごはん、めん—食材を選ばず実力を発揮する和のソース。原料は大豆、麦、塩。発酵熟成させることで独特の色、味、香りを醸し出します。塩味に加え、旨み、甘み、酸み、苦みが重なり合って、深みのある味わいをつくっています。

使い方のヒント

- 開封後1カ月くらいで使い切れるサイズを買い、開封したら冷蔵庫で保存すると、風味が失せない。
- 香りを生かしたいときは、仕上げに加える
- 素材の水分を奪い、固くする性質があるので、濃い味つけのときは、数回に分けて入れることも。

砂糖

煮ものや和えものに甘みや照りを加えます。また、材料をやわらかくしたり、旨みやこくを出すはたらきも。原料は砂糖きびまたは砂糖大根。

使い方のヒント

- 塩やしょう油に比べて分子が大きく、材料にしみ込みにくい。ほかの調味料より先に入れると、含みがよくなる。
- たんぱく質の凝固を遅くするので、卵焼きなどをふっくら仕上げる働きも。

みりん

米麹と蒸したもち米を焼酎とともに、ゆっくりと熟成させた調味料。砂糖にないまろやかな旨みと甘さをつけます。

使い方のヒント

- 煮くずれやすいものに適宜使うと、アルコール分が浸透して材料を引きしめる。
- みりんの糖分はしょう油と合わさってきれいな焦げ色をつくる。魚の照り焼きなどに適す。

酒

煮つけ、すまし汁、炊き込みご飯…和食のレシピのほとんどに使われています。肉や魚の生臭みをとり除いたり、煮ものの根菜をやわらかくしたり、味にふくらみを出す、風味の調味料です。

使い方のヒント

- 旨みだけ残すために、酒を加えたらアルコール分をとばすのが基本。アルコールの沸点は80度以下なので、2〜3分沸騰させれば充分。

酢

強い酸味、旨み、香りで料理を引き立て、さっぱりした後味を残す酢。米や果実をアルコール発酵させ、さらに酢酸菌を加えて発酵、熟成させてつくられます。

使い方のヒント

- 漂白作用もあり、蓮根やごぼう

砂糖

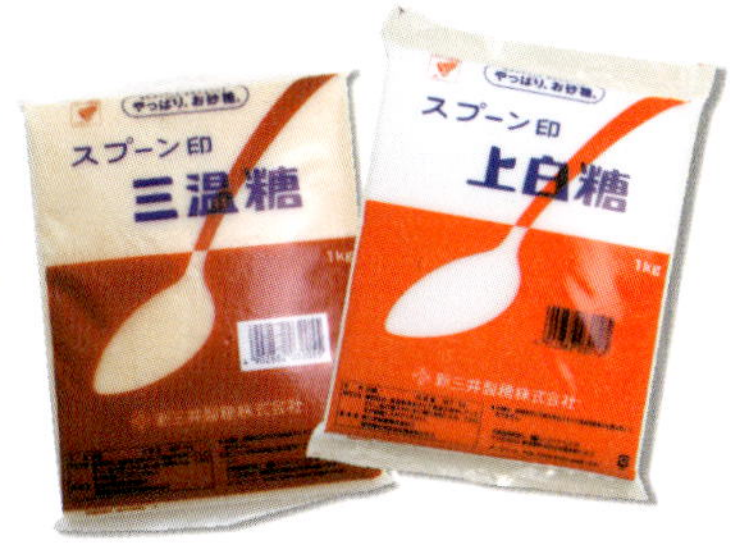

・上白糖はしっとりとしてとけやすく、調理全般に向く。グラニュー糖より糖度は低く、旨みがある。

・三温糖は加熱をくり返してつくられるので、濃い色と甘みがある。コクを出したいときに。

塩

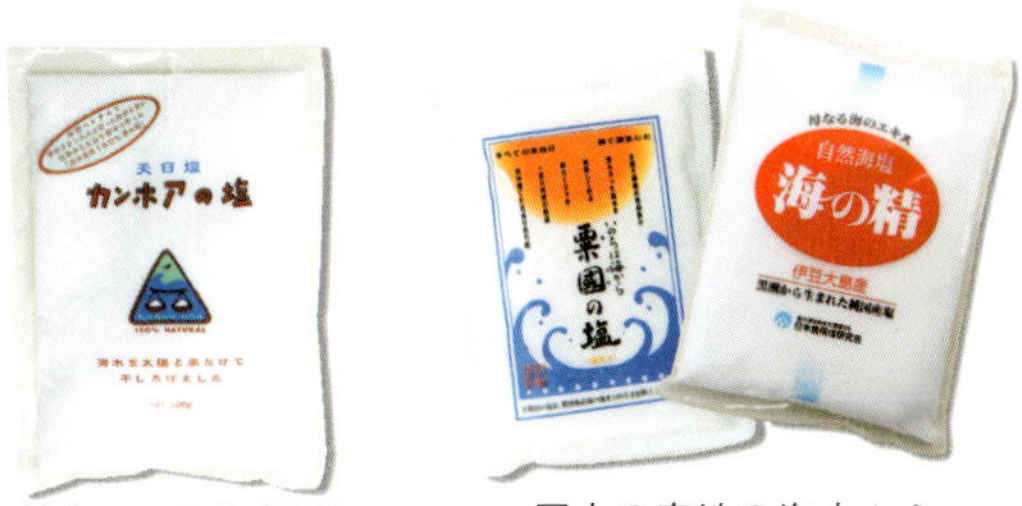

・輸入の天日塩（原料は海水）純国産より安価。

・国内の産地の海水からつくられた自然塩。

＊精製塩は塩化ナトリウム99.5%。水分やにがりがぬけ、さらさらしてとけやすく、安価。味が正確に決まる。

みそ

・淡色米みそ　全国的に普及している。くせがなく、やさしい味。信州みそが多いが写真は新潟産。他に赤色辛口の仙台みそなど地方により個性豊か。

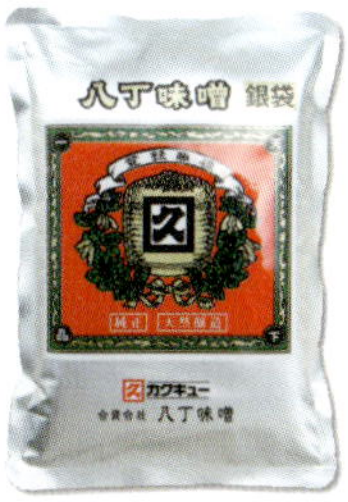

・八丁みそ　大豆を主に、じっくり熟成させる赤色辛口みそ。独特の苦み、渋味がある。

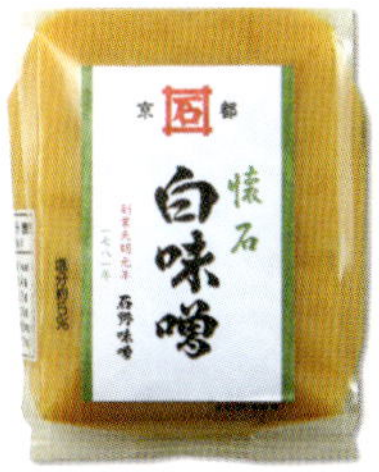

・白みそ（西京みそ）　京料理に欠かせない甘口の白みそ。香りがよく上品な味。

しょう油

・濃口　大豆と麦が半々の、一般的なしょう油。消費の8割を占める。主に関東地方で発達。料理全般、卓上調味料としても万能。

・うす口　発酵、熟成を押さえて色を薄く仕上げ、上品な旨みがあるしょう油。野菜や白身魚、吸いものなど、色よく仕上げたいときに。塩分は濃口より多い。関西でよく使われる。

・丸大豆しょう油は脱脂加工大豆（食用油のしぼりかす）を原料としたものに比べ、醸造期間が長く風味がまろやか。

＊その他　小麦を使わず味の濃厚なたまり、小麦が主で淡い色の白しょう油などがある。

みりん

・本みりんはアルコール度13〜14%。熟成期間の長いものの方が芳香が高い

＊「みりん風調味料」はアルコール分1%未満。アミノ酸などを添加。「みりんタイプの発酵調味料」は食塩が含まれる。どちらも本みりんの風味とはちがう。

酒

・料理酒には旨み成分などが添加されている。高価でなくても、辛口の日本酒、できれば純米酒を使うと、味がよい。
・風味が強すぎると料理にさわるので、くせのないものを。
・日本酒のアルコール度はふつう15%台。

など変色しやすいものは、切ったそばから酢水にはなす。

●穀物酢は味にくせがなく値段も手頃なので、酢洗いなど下ごしらえに。酢のものには純米酢、と使い分けるとよい。

みそ

米と相性のいいみそ汁に欠かせないみそ。蒸した大豆に食塩と麹を加えて発酵、熟成させてつくります。麹の違いから、豆みそ、米みそ、麦みそに分けられます。調味料でありながら、おかず、保存食としても利用されています。

使い方のヒント

●数種類のみそを昆布でしきって一つの器に入れておき、好みで配合する自家製合わせみそも楽しい。

酢

・純米酢は米の甘みとこくを生かした酢。アミノ酸などの旨みも多い。

＊穀物酢は米のほか、とうもろこし、小麦、豆などを原料にした酢。
＊合成酢は氷酢酸を水で薄めたもの。味、香りは落ちる。

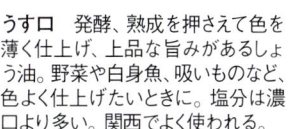

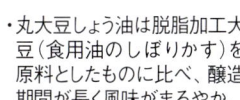

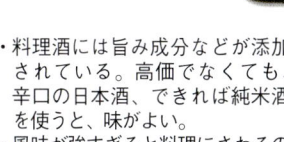

使うほどになじみ 料理が楽しくなる そんな道具を調理の相棒に

手になじみ使いやすい調理器具は、味のよしあしだけでなく、労力や時間を効率化し、楽しさも実感させてくれるとても大きな存在です。

使いこなしたい台所道具の種類

■ **小鍋**　径14〜16cm　深さ約7cm
少人数の汁ものや離乳食づくりなどに。ミルクパンとしても

■ **片手鍋**　径18〜20cm　深さ約10cm
ゆでもの、汁もの、揚げもの、少量の煮ものなど

■ **両手鍋**　径20〜22cm　深さ約14cm
シチューやカレーなどの煮込み、めん類などをゆでるときに。煮込みには厚手で熱が平均に伝わるのがよい

■ **浅鍋**　径24〜27cm　深さ約8cm
煮ものや、炒めてそのままオーブンで焼く料理などに。おでん、すき焼き、ピラフにも使える

■ **落とし蓋**
煮汁をまんべんなくまわして煮上げ、煮くずれを防ぐ。鍋よりも一まわり小さいものを。フリーサイズのステンレス製も（P.71）。

■ **フライパン**　径約24cm　深さ6〜8cm
炒めもの、焼きものに。樹脂加工を施したものは焦げつかず油の使用もひかえられるが、から焼きにしないように

■ **中華鍋（北京鍋）**　径約30cm
家庭用には底が平らなものが安定感がありあつかいやすい（または専用五徳を使用）。揚げものにも使える

■ **卵焼き器**
だし巻き卵、厚焼き卵に。銅製は熱まわりがよくむらなく焼け、樹脂加工のものは焦げにくい

■ **ケトル（やかん）**
容量は2リットル前後が適当。沸くと笛がなるものも便利

調理器具を選ぶときに

この本の料理は、ここにある器具で、だいたいつくれるようになっています。すべて初めからそろえる必要はなく、浅鍋や落とし蓋、卵焼き器、すり鉢など、使用頻度に個人差があるものは、不便を感じてから買い足していくことをおすすめします。

■鍋類
写真の鍋のように、柄がはずれて重なるタイプは収納場所をとらないこと、比較的洗いやすいのがメリットです。場所があればしっかりした柄のついたタイプを蓋とセットで並べておいた方が出し入れやあつかいはらくでしょう。

鍋の材質の違いによっても、次のような特徴があります。

鉄　蓄熱する能力が高いため、調理する材料を入れても温度が下がりにくい。天ぷら鍋などにむく。

ホーローびき　ガラス質のホーローは酸に強く、手入れが簡単で臭いがつきにくい。その反面、衝撃に弱いため注意が必要。

アルミ　熱伝導性に優れ軽いため広く使われる。強度が低いため打ち出しなどをして補強している。

ステンレス　強度がありあつかいやすいが、それ自体は熱伝導性が低い。そのためアルミや鉄を挟み、

■ **計量スプーン**　大15ml　小5ml

肉厚のステンレス製で、くぼみの深いものが丈夫。小さじ½もあるとよい

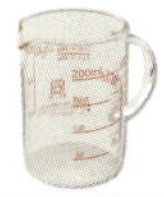

■ **計量カップ**　200ml

ステンレス製は丈夫、耐熱ガラス製のものは中身が見え、正確に計りやすい

■ **はかり**

計量は料理の基本。容器の重さを差し引いて計れるデジタルのものが便利

■ **おろし器**

受け皿つきで、安定感のあるものが使い勝手がよい

■ **栓ぬき**

栓ぬき、ボトルキャップ、プルトップ開けが兼用のものもある

■ **缶切り**

写真のタイプは力がいらず、切り口がとがらずに安全に開けられる

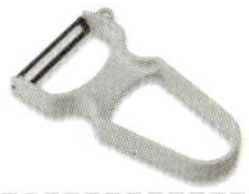

■ **ピーラー**

刃の角度がかわるものを。幅広のものは皮むき以外の用途にも使える

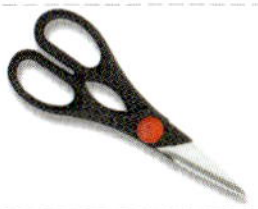

■ **調理ばさみ**

乾物を切る、包装の開封に。ねぎやにらをきざんでも

■ **キッチンタイマー**

秒単位を計りたいならデジタル。電池交換不要のぜんまい式（右）も根強い人気。

■ **すり鉢・すりこぎ**

ごまや山芋などをするのに。写真はさんしょうの木のすりこぎ

■ **巻きす**

のり巻きには必需品、厚焼き卵の形をととのえるのにも使う

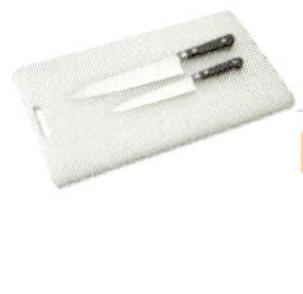

■ **包丁**

刃渡り20cm前後の牛刀とペティナイフがあれば、おおよその料理に対応できる

■ **まな板**

台所で使いやすい大きさを。合成樹脂製は清潔に保ちやすいが、月に1度は漂白を

■ **ボウル**　小・径15cm　中・径21cm

卵をとく、材料を和える・まぜるなどに。小は2つあると使い勝手がよい

■ **ざる**　小・径18cm　中・径20cm

柄つき、脚つきが便利

■ **バット**　21×17cm2枚くらい

切った材料をのせる、肉・魚に調味料や衣をつけるなど。セットですのこをそろえる

■ **菜箸**　長さ30cmを2組くらい

材料をまぜる、揚げる、盛りつけるなど調理全般に。ひもはつけずに使うとよい

■ **玉じゃくし（レードル）**

ステンレス一体型が丈夫。容量を計っておくと、計量にも使える

■ **フライ返し**

オムレツ、炒めものなどに。樹脂加工のフライパンには樹脂製で弾力のあるものを

■ **ご飯しゃもじ**

ご飯粒がつきにくい凸のあるプラスチック製が便利

■ **木べら**

炒めものやソースづくりに

■ **網じゃくし**

揚げもの用に。ゆでものやみそこしには、万能こし器が便利

強度と熱伝導のそれぞれのメリットを取り入れたのが多重層鍋。家庭で使いやすい万能な鍋ともいえる。

■器具・小もの類・台所家電

玉じゃくしや菜箸、計量カップなどの小もの類は、まずは当座必要なものだけそろえます。柄の強度や持ちやすさと共に、デザインの統一感にも注意。

台所家電のごく基本的なものは、冷凍冷蔵庫、炊飯器、電子レンジ、オーブントースターなど。またミキサーやフードプロセッサーのような調理機器も、「料理のスタイル」しだいでは便利なものです。使い勝手や耐久性を考えると機能のシンプルなものがおすすめです。

＊上記のほかにあると便利なもの

万能こし器　鍋やボウルのふちに固定できるフックのついたこし器。みそやだし、卵をこすのに

蒸し器　茶碗蒸しほか蒸し料理全般・点心の温めなど（種類P.87）

土鍋　鍋料理はもちろんおかゆづくり、ご飯炊きにも

盤台　酢飯をまぜる平たい桶。ちらし寿司を盛って食卓に出しても（P.47）

オイルポット　使い終わった油をこして保存する（P.106）

揚げ物用温度計　揚げ箸と一体になっているものが正確（P.106）

協力・株式会社 池商

おいしさも手際もよくなる！

包丁使いと野菜の切り方

切れ味のよい包丁で、トン、トン、とリズミカルに、大きさをそろえて材料を切れるようになると、でき上がりの美しさや口あたりが違うばかりか、料理の楽しさも倍増します。

切り方の基本

1 押して切る ➡野菜など

手前から向こうに押し切る、基本的な切り方

2 引いて切る ➡身のくずれやすい肉・魚など

手前に引きながら切る

3 垂直に切る ➡豆腐、チーズなど

包丁を垂直におろして切る

4 前後に動かして切る ➡パンなど

のこぎりのように前後に押し引きをくり返す

包丁のにぎり方

押さえ

包丁の腹にかるく指をそえてにぎる。左右にぶれにくい（輪切り、小口切り、せん切りなど）

人かけ

包丁の背に人差し指をかける。微妙な力加減と正確な切り方ができる（魚のさしみ、そぎ切りなど）

にぎり

柄を真上からにぎる。しっかりにぎることができる（固いものを力を入れて切るときなど）

包丁使いは「押し切り」が基本

スパッとなめらかに切れた野菜や肉は、見た目や口ざわりがよいだけでなく、よけいな力がいらず、材料の汁けを失うこともありません。

まず大切なのは、材料に適した包丁のにぎり方・切り方、そしてよく切れる包丁を使うこと。基本は手前から奥へすべらせるように切る「押し切り」です。

左手は卵を持つような形で材料を押さえます。切るときには、定規を使うように包丁の腹がつねに左手の指の関節にあたっています。せん切りや薄切りのときには、包丁の触れている指を縮めるようにしながら、包丁をいっしょにずらし、縮みきったら左手をさらに左にずらして、また切り始めます。同じリズムと間隔を保つことが、切りそろえるための重要なポイントです。

包丁のにぎり方にはいくつか種類がありますが（上写真参照）、レシピと材料に応じて使い分けます。まな板に対して直角に包丁を使うためには、右利きの場合は右足を少し引きやや開き気味に立つようにします。

このほか、のり巻きのように包丁

野菜の切り方

せん切り・ささがき

せん切り
大根の場合

厚めの輪切りにし、写真のような要領で皮をむく（かつらむき）

縦に約2mmの厚さの薄切りに。包丁はまっすぐ切りおろし、厚さをそろえる

切り口を下に少しずつずらして重ね、さらに2mmほどの細さで縦に切る

せん切り
キャベツの場合

はがした葉を半分に切り重ねていく。芯は薄くそぐ

手に収まる程度に何枚か重ねて丸め、端から1～2mmほどの細さに切っていく

せん切り
しょうがの場合

最初の薄切りのときに、繊維にそってできるだけ薄く切るのがコツ

切り口を横に倒して細く切り、水にはなす。ごく細くし天盛りに使うのが針しょうが

せん切り
ねぎの場合（白髪ねぎ）

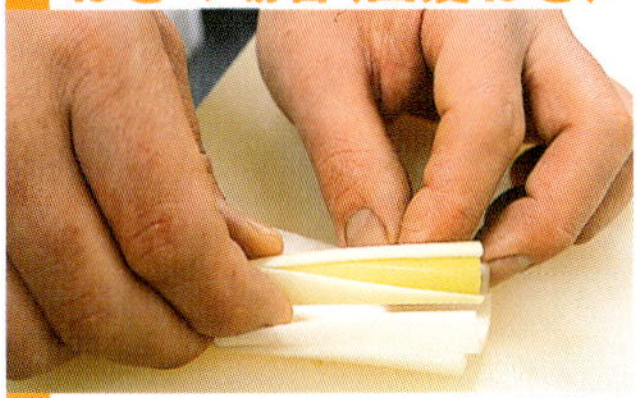
4～5cm長さの小口切りにし、縦に切り込みを入れて芯をのぞく

縦に1～2mmの細さに切り、水にはなして使う。糸のように細いものを白髪ねぎという

ささがき
ごぼうの場合

ごぼうの場合、刃の先で太さに応じて縦に数本切り込みを入れる

左手でごぼうを回しながら、そぎ切りに。包丁の角度を変えて長く、短く切る

にくっついてくずれやすいものは、一回ごとにぬれ布巾で包丁をふき、型くずれせぬよう静かにわずかだけ引いてのりを切り、その分再度小さく押し、一気に引き切ります。

骨つきのとりや魚のぶつ切りは、包丁をかるくにぎり刃先をふりおろすようにしてたたき切るか、力を込めて押し切ります。

包丁のどこを使って切るか

包丁も用途によって使う部分が違います。

●**刃の先端**…ごく細いせん切りや油揚げなどを開くとき、いかや魚に包丁目を入れるとき

●**刃の中央**…一番使う部分です。ふつうに切る、刻むとき

●**刃の根元**…じゃが芋の芽とりに

●**包丁の腹**…とりのささみやいわしの身をつぶすとき。細かく切ってから包丁をねかせ、腹でつぶす。しょうがやにんにくをつぶすときにも

包丁が切れなくなったら

砥石で研ぐ、簡易研ぎ器・研ぎ棒で研ぐ、業者に依頼するなどの方法がある。砥石できちんと研げる家庭でも、とり急ぎ切れるようにしたいときに、簡易研ぎ器などがあると便利。

短冊・拍子木切り・さいの目など

薄切り
玉ねぎの場合

縦半分に切り、繊維にそって1~2㎜厚さで切る

最後に押さえづらくなったら、横に倒すと切りやすい

くし形切り
玉ねぎの場合

縦二つ割りにしてから、用途により縦軸を中心に等分していく切り方

そぎ切り
しいたけの場合

石づきを切り落とし、右斜めから包丁を入れ、そぐように切る。切った面が広くなり大きく見える

みじん
長ねぎの場合

包丁の先端で縦に細く切り込みを入れ、小口（切り口）から細かく切っていく

たくさん切る場合は、下半分を残して斜め薄切りにし、180度まわして同様に包丁を入れ、

小口から細切りしていくと、みじんに切れていく

みじん
しょうがの場合

縦に薄切りにしたら横に向きを変え、薄く切り込みを入れる

切り込みが入った側を横に倒し、端から切っていく。

みじん切り

みじん
玉ねぎの場合

縦半分に切り、根元は切りはなさないよう、繊維にそって縦に細く切る

ここで水平に切り込みを入れておくと細かくできる

向きを変えて端から細かく切る

仕上げに左手で刃先を押さえながら、さらに刻む

小口・半月・いちょう・乱切り

半月切り 大根の場合

筒状の野菜を縦半分にしてから横に切る

短冊切り 人参の場合

短冊のような薄い長方形にする。3〜4cm長さに切り、縦に1cm幅に切る

切り口を下に、料理に応じた厚さで縦に切る。白和えなどは薄めに

いちょう切り 大根の場合

縦半分に切った野菜をさらに縦2〜3等分し、料理に応じた厚さに切る

小口切り 長ねぎの場合

ねぎなどの細長いものを端（小口）から輪切りにすること

乱切り ごぼうの場合

ごぼうや人参は、左手で切った面が上になるよう野菜をまわしながら斜めに切る

斜め切り 長ねぎの場合

長ねぎやきゅうりなど細い筒状の野菜を斜めに切る

拍子木切り 人参の場合

とちゅうまで短冊切りと同じ。3〜4cm長さで、切り口断面が5〜10mmの正方形に

乱切り 蓮根の場合

切りやすい大きさに等分し、角度を変えながら斜めに切る。大きさはほぼ一定に

輪切り 人参の場合

切り口が丸くなる切り方

さいの目・あられ 人参の場合

それぞれ1cm角、5mm角のサイコロのような角切りに。途中までは拍子木切りと同じ

その他

面とり 大根の場合

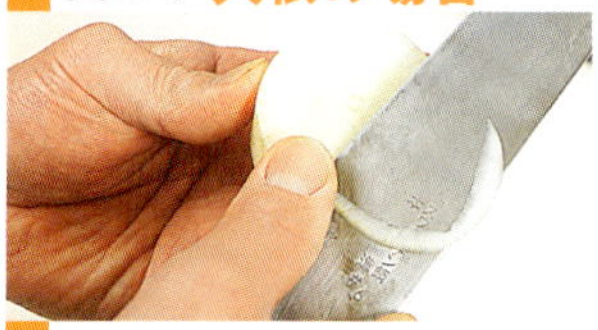

切り口の角を薄くけずって煮くずれしないようにする

じゃが芋の芽とり

刃の根元を芽のくぼみにあて、刃を中心にじゃが芋を回すようにくりぬく

皮をむく じゃが芋の場合

大きいものは適当な大きさに切ってからむくと扱いやすく、むだなくむける

他の包丁の使い方、むき方は…
●栗の鬼皮、渋皮をむく：P.38 ●まつたけの切り方：P.40 ●たけのこの切り方：P.41 ●肉のすじを切る：P.96
●菜の花の切り方：P.134 ●茶せんに包丁を入れる：P.139 ●大根のかくし包丁：P.140

毎日の食事、何をどれだけ食べたらよいでしょう

■あなたが摂ったらよい1日の栄養は?

栄養所要量(生活活動強度Ⅱやや低い)

(V.はビタミンの略)

性別 (年齢)	エネルギー	たんぱく質	脂肪エネルギー比	カルシウム	鉄	V.A(レチノール当量)	V.B_1	V.B_2	V.C
女性 (30~49歳)	1750kcal	55g	20~25%	600mg	12mg	540μg	0.8mg	1.0mg	100mg
男性 (30~49歳)	2,250kcal	70g	20~25%	600mg	10mg	600μg	1.1mg	1.2mg	100mg

第六次改定日本人の栄養所要量(科学技術庁資源調査会・編)

■栄養所要量をもとにした1日にとりたい食品の組み合わせ

(廃棄量を除いた正味の目方　単位g)

食品群／年齢性別	牛乳・乳製品	卵	肉・魚	豆・大豆製品	野　菜	果物	穀類	油脂	砂糖
女子　30-49歳	205(チーズ5含)	40	100	80(みそ10含)	400(青菜60芋50含)	150	240	15	20
男子　30-49歳	205(チーズ5含)	40	120	80(みそ10含)	400(青菜60芋50含)	150	350	20	20
70歳以上　男 女	205(チーズ5含)	40	120 100	80(みそ10含)	400(青菜60芋50含)	150	240 180	15 10	20
50~69歳　男 女	205(チーズ5含)	40	120 100	80(みそ10含)	400(青菜60芋50含)	150	300 210	15	20
18~29歳　男 女	210(チーズ10含) 205(チーズ5含)	50	120 100	80(みそ10含)	400(青菜60芋50含)	150	370 250	20 15	20
高校生　男 15~17歳　女	400(チーズ10含む)	50	130 110	80(みそ10含)	450(青菜60芋100含)	150	400 270	30 25	25
中学生　男 12~14歳　女	400(チーズ10含む)	50	140 120	80(みそ10含)	450(青菜60芋100含)	150	350 300	25	25
小学生　男 9~11歳　女	400(チーズ10含む)	50	130 120	80(みそ10含)	400(青菜60芋50含)	150	270 250	25 20	25
小学生　男 6~8歳　女	400(チーズ10含む)	50	100	70(みそ8含)	270(青菜40芋50含)	150	230 200	20	20
幼児　3~5歳	400(チーズ10含む)	50	60	45(みそ5含)	210(青菜40芋50含)	100	160	20	15
幼児　1~2歳	400(チーズ10含む)	50	50	35(みそ5含)	170(青菜30芋50含)	100	120	10	10

17歳までは生活活動強度Ⅲ、18歳以上は生活活動強度Ⅱの目安量です

全国友の会南関東部案

■朝・昼・夕の食品の配分例(女子30~49歳)

(単位g)

	牛乳・乳製品	卵	肉・魚	豆・大豆製品	野菜	果物	穀類	油脂	砂糖
朝		40			100				
昼	205		40	80	100	150	240	15	20
夕			60		200				

※卵40g…1週間で5個を目安に

■必要なエネルギーの目安はこれぐらいです

生活活動強度別エネルギー所要量(kcal/日)

年齢(歳)	生活活動強度 Ⅰ(低い) 男	Ⅰ(低い) 女	Ⅱ(やや低い) 男	Ⅱ(やや低い) 女	Ⅲ(適度) 男	Ⅲ(適度) 女	Ⅳ(高い) 男	Ⅳ(高い) 女
0~(月)	110~120kcal/kg							
6~(月)	100kcal/kg							
1~2	—	—	1,050	1,050	1,200	1,200	—	—
3~5	—	—	1,350	1,300	1,550	1,500	—	—
6~8	—	—	1,650	1,500	1,900	1,700	—	—
9~11	—	—	1,950	1,750	2,250	2,050	—	—
12~14	—	—	2,200	2,000	2,550	2,300	—	—
15~17	2,100	1,700	2,400	1,950	2,750	2,200	3,050	2,500
18~29	2,000	1,550	2,300	1,800	2,650	2,050	2,950	2,300
30~49	1,950	1,500	2,250	1,750	2,550	2,000	2,850	2,200
50~69	1,750	1,450	2,000	1,650	2,300	1,900	2,550	2,100
70以上	1,600	1,300	1,850	1,500	2,050	1,700	—	—
妊婦	+350kcal							
授乳婦	+600kcal							

※「生活強度」は右の表を参照

第六次改定日本人の栄養所要量(科学技術庁資源調査会・編)右表も

生活活動強度の区分(目安)

生活活動強度区分	日常生活の内容
Ⅰ(低い)	散歩、買物など比較的ゆっくりした1時間程度の歩行のほか大部分は座位での読書、勉強、談話、また座位や横になってのテレビ、音楽鑑賞などをしている場合。
Ⅱ(やや低い)	通勤、仕事などで2時間程度の歩行や乗車、接客、家事等立位での業務が比較的多いほか大部分は座位での事務、談話などをしている場合。
Ⅲ(適度)	生活強度Ⅱ(やや低い)の者が1日1時間程度は速歩やサイクリングなど比較的強い身体活動を行っている場合や、大部分は立位での作業であるが1時間程度は農作業、漁業などの比較的強い作業に従事している場合。
Ⅳ(高い)	1日のうち1時間程度は激しいトレーニングや木材の運搬、農繁期の農耕作業などのような強い作業に従事している場合。

注)生活活動強度Ⅱは、現在国民の大部分が該当。生活活動強度Ⅲは、健康人として望ましいエネルギー消費をして、活発な生活行動をしている場合の目安

ご飯・汁もの・めん

おいしいご飯を炊くコツは？

「ご飯を上手に炊く」ということの中に、料理の大切な基礎がすべて含まれています。炊飯器なしでもおいしく炊く10のコツをご紹介します。

ご飯の炊き方10項目

1 米の品質をみる
2 分量　米の量、ご飯の量を知る
3 ご飯を炊く鍋について知る
4 燃料・器具の特徴を知る
5 米を洗うタイミング
6 米の洗い方
7 水加減
8 火加減
9 蒸らし加減
10 炊き上がったご飯のあつかい方

米の種類による水加減
（米のかさに対して）

- 新米の時期（秋→春先）は同量
- 初夏〜夏過ぎは1〜2割り増し
- 無洗米は3〜4割り増し
- 胚芽米は2割り増し
- 玄米は2倍
- もち米は2割り減

土鍋で炊いたご飯がおいしいときいたのですが、今まで電気炊飯器におまかせだったので基本がわかりません。

——炊飯器で誰でもかんたんにおいしいご飯が炊ける時代ですが、目盛りもスイッチもなしの本来の炊き方もぜひ覚えておきたいですね。その中に料理の基本がすべて含まれていますし、野外料理や災害時にも大いに助かるでしょう。

上記の10項目は昭和16年に沢崎梅子著「基礎篇」で発表され、自動炊飯器の設計の基礎にもなったものですから、順に説明しましょう。

1 米の品質をみる

新米を古米と同じ水加減で炊いてぐしゃぐしゃのやわらかいご飯になる失敗はよくあること。専門の人は一にぎりの米をとって見れば、その米の水加減も火加減もわかるようですが、そこまでは無理としても、新米と古米、種類による水加減の違いは心得ておきましょう（上）。

2 分量　米の量、ご飯の量を知る

米は適量の水で炊くと、かさも重さも約2・2〜2・3倍で、カップ1（200ml）のお米は大ぶりの茶碗に2杯くらいのご飯になります。これがわかると家族の人数や食べる量によって、必要なご飯の量がつかみやすくなります。

お米は炊くと、かさも重さも約2.2〜2.3倍

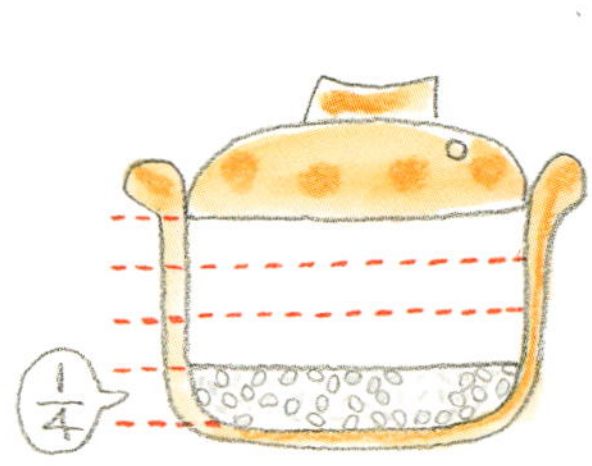

米の適量は鍋の高さの1/4。2ℓ入りの鍋ならカップ2杯半〜3杯の米です。

3 ご飯を炊く鍋について知る

鍋に対してお米が多すぎても少なすぎてもおいしいご飯は炊けません。鍋の1/4、多くても1/3までの米の高さがよいようです。鍋は熱の含みのよい厚手のものがよく、土鍋は火のあたりがやわらかくおいしいご飯が炊けます。ご飯炊き専用のものも出ています。

4 燃料・器具の特徴を知る

昔からかまどで炊いたご飯がいちばんおいしいといわれてきました。火力が強く、鍋全体が炎に包まれて平均して熱が伝わること、重い木蓋で圧力がかかり、内部の高温を保てるなどの好条件がそろっているからでしょう。一般に電気よりガス火の方がこの条件に近づきやすく、短時間でふっくらと炊けます。炊飯器なら手持ちの機種の火加減や、「浸し」「蒸らし」などの時間配分を知っておくと応用がきき、青豆ご飯のように途中で具を入れる場合にも役立つでしょう。

5 米を洗うタイミング

米粒の芯にまで充分に水けを含ませてから加熱したいので、炊く30分から1時間前に洗って分量の水につけておきます。どんなに急いで炊くときにも、20〜30分前に。冬は吸水に時間がかかるので、1時間以上浸すのが理想です。（炊飯器は浸し機能があり、洗ってすぐ仕掛けられるものが多い）。浸し時間が長すぎると、米の組織が弱くなってくずれやすくなるので注意します。

6 米の洗い方

昔は米を「磨《と》ぐ」といっていましたが、このごろはぬかも少なくなり、米の胚芽にあるビタ

茶碗1杯（150g）
エネルギー 252 kcal
塩分 0.0 g

洗い方

①ボウルの中に入れた米に、米量の2倍以上の水を入れ、さっとまぜて大急ぎで水をきる。ボウルと重なる大きさのざるを使うと手早い。
②また水を入れて、数回底の方からよくかきまわして洗う。これを3回くり返し、水をきる。

ミンB_1が水にとけやすいため、なるべく手早く、たっぷりの水の中でかきまわすようにして洗います（上図）。

何よりも注意することは、最初のぬかの多い白い水の中に、長く米をつけないこと。米は最初の5分間で1割ほどの水を吸収し、その水がぬか臭いと、臭いが残ってしまうからです。

洗い終わったらざるに上げます。

7 水加減

炊き上がったときに芯が残ったり、おかゆのようにやわらかかったりという失敗の第一の原因は水加減です。ご飯が炊き上がるまでに、水がちょうどよく米粒の内部に吸収しつくされれば、よいご飯になります。炊飯器の場合は内釜を平らにおき、正確に目盛りに合わせて水を張ること。鍋の場合は洗った米をざるに5分以上上げてよく水をきり、分量の水を計量カップできちんと量って入れるようにします。

8 火加減

ご飯を炊くのは、最初は煮る場合の火加減、終わりは蒸らす、ということになります。

右ページ5に従って浸水しておいた米を、強火加減の火にかけます。しばらくすると、蓋の下から湯気が出始めます。鍋の中ではぐつぐつ音を立てて米が煮え出します。そのうち湯気が勢いよく吹き出すので、吹きこぼれないていどに火を弱くします。このタイミングが大切で、早すぎると水の引きが思わしくなく、遅すぎるとおねばが吹きこぼれて鍋もよごれ、栄養も失われます。

約10～15分すると、勢いよく出ていた湯気がだんだんと弱まり、ほとんど消えてしまいます。ご飯が炊けたよいにおいがただよってきたら、最後に二呼吸（約5秒）強火にしてから、火を止めます。

9 蒸らし加減

火を消して12～15分おいて蒸らします。この間に周囲に残っていた水分が米に吸収され、ふっくらとなります。内部を高温にしておくことが大切なので、けっしてふたをとらないことです。蒸らしが足りないとびしょびしょしたご飯に、蒸らしすぎると米粒がふかふかした感じになりおいしくありません。

10 炊き上がったご飯のあつかい方

よく炊けたご飯は表面によぶんな水分がなく、中高でふっくりとしていて、箸でつついたほどの穴が同じ間隔でぽつぽつとあいています。昔は炊けたご飯をお櫃《ひつ》に移すことで、よぶんの水分が吸収されて、さらにおいしくなりました。鍋のままにしておくときは、しゃもじでご飯を底の方から返すようにまぜて空気をふくませ、乾いた布巾をかけて湯気を吸わせるようにして蓋をしておきます。

夫とふたり分のご飯を鍋で炊いてみたら、芯のあるご飯になってしまいました。

――少人数の場合に失敗するのは主に火加減でしょう。最初から強火にせず中火にしておき、沸騰するまでの時間を長く（10分以上）かけます。早く沸騰すると米の芯まで熱が通らないことがあるからです。洗ったばかりの米を炊く場合にもこの注意が必要です。どんなに少ないご飯でも25分以上はかけないとおいしくなりません。

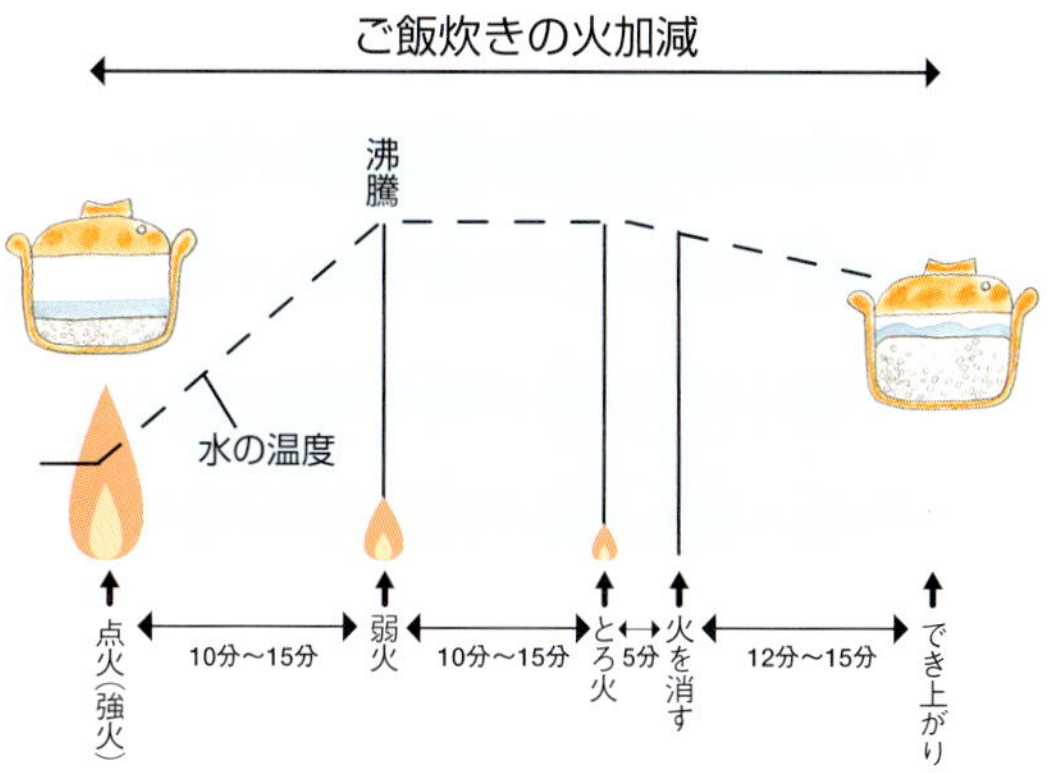

塩としょう油の「味つきご飯」

ほんのり塩味のついた「青豆ご飯」や「栗ご飯」、しょう油の香りのよい「桜ご飯」などの味つきご飯は、四季の食卓にぜひ味わいたいもの。塩・しょう油の加減がおいしさのポイントになります。

塩味ご飯の基本

1単位------------------米 ● カップ1
塩 ● 小さじ$\frac{1}{3}$〜$\frac{1}{2}$

4人分の場合---------米 ● カップ3
塩 ● 小さじ1

ご飯につける塩味の加減は、どのくらいがちょうどよいのでしょう？

――塩味ご飯には、春はつみ草みやげのよめ菜飯、初夏の青豆ご飯、秋は栗ご飯、寒くなると大根の葉のご飯など、四季の色彩と、さっぱりした塩味が季節感を引き立ててくれます。

大切なのは塩の加減一つです。炊き方は、米の水加減をするとき、栗ご飯などのように塩と材料をいっしょに加えて炊き込むものと、青菜ご飯のようにご飯を炊いておいて、あとから別に材料をまぜるものの、大きく二通りがあります。塩加減はいずれの場合も、およそ上記のように覚えておくとよいでしょう。

炊き込みご飯の具の目安

豆を炊きこむご飯はどのように？

――黒豆を使う「ふじ飯」を例にしましょう。

豆ご飯

ふじ飯（豆ご飯）

米-------------------2カップ
水-------------------480ml
（黒豆のゆで汁を含めて2割り増し）
黒豆（乾）------カップ$\frac{1}{3}$
水-----------------2カップ（豆の6倍）
塩-----------------小さじ1弱（水の1％）

黒豆をよく洗い、豆の6倍ほどの水に塩1％を入れて一晩つけ、水を吸ってふくらむまで戻します。そのつけ汁のまま中火にかけ、豆がおどらないようにして20分ほど弱火で静かに炊くと、黒い透明の水が出ます。この水をとっておいて米を炊くときの水加減に使います。汁が濁らず透明感があれば、ご飯の色もきれいに炊き上がります。皮がはがれるときたなくなるので、箸でかきまぜないようにします。

少しかためにゆで上がった豆は、そのままご飯に炊き込みます。

米の分量の二割り増しで水加減をし、豆もいっしょに加えて炊くと、ちょうど薄紫色の品のよいご飯が炊けます。ふじ飯はご法事など、不祝儀のときにも利用します。

しょう油味のご飯には、どのような具が合うのでしょうか？

――しょう油味をつけて炊いたご飯を「桜ご飯」や「茶飯」（茶葉を炊き込むご飯も茶飯・P.84）といいます。相性のよい具には、つぎのようなものがあります。

●**魚介類**　春先のたい飯（そぼろにしてご飯の上にのせる）、そして惣菜向きには、あじ、たらを使うこともあります。冬はかき飯（炊き込み）がおいしいでしょう。

●**肉類**　とり飯（炊き込み）、肉そぼろの三色ご飯（ご飯の上にのせて）。

●**野菜**　秋のまつたけ、栗、春のたけのこ（ともに炊き込み）など。また、四季を通じて五目炊き込みご飯などが楽しめます。

しょう油の中の塩分は約15％ですから、しょう油のかさのほぼ$\frac{1}{5}$の塩と同じ塩分と考えればよいでしょう。家庭では大さじ1のしょう油と小さじ$\frac{1}{2}$強（$\frac{3}{5}$）の塩がほぼ同じと覚えておけばよいと思います。（P.21）これをもとにして色を薄くしたいときは、しょう油大さじ1を

ほぼ同じ塩分（3g）

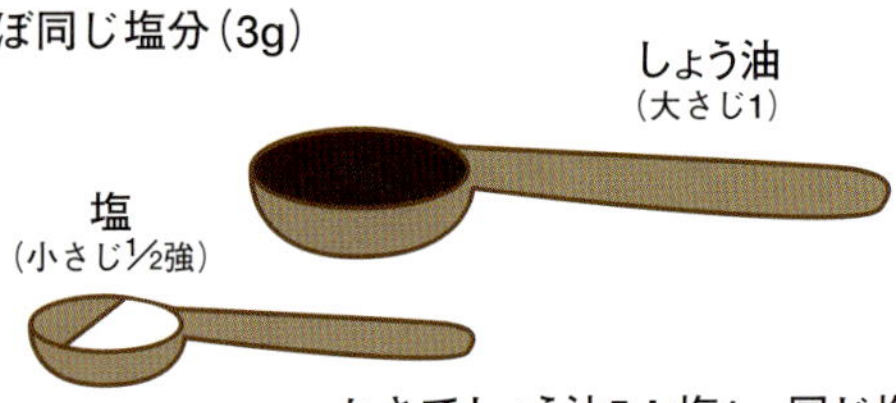

かさでしょう油5：塩1＝同じ塩分

減らし、塩小さじ½を加えます。
　地域や個人の好みによっても味つけは変わりますから、これは一つの基準と思ってください。

塩分は具の味に応じて変える……

桜ご飯は、ご飯だけでなく、中にまぜたりのせる具にも味がつくので、その点も考えます。
　お米を炊くときに、しょう油や塩、酒を加えて炊きますが、水加減のときにはしょう油と酒の量だけ水の量をひかえます。さらにしょう油

桜ご飯は水ひきがわるいもの……

味のご飯は水のひきがわるくなるので、蒸らし時間を長くします。焦げやすいので、鍋で炊くときは火加減に注意が必要です。

桜ご飯の基本（4人分）
（塩味ご飯の塩分をしょう油におきかえたもの）

米 ---------- カップ3
水
しょう油 -- 大さじ2
酒 ---------- 大さじ3
（水・しょう油・酒）合わせて660ml　米の1割り増し

三色ご飯（桜ご飯でつくる）

子どもからおとなまで親しまれるのは、手近な材料とあざやかな色合わせのせいでしょうか。急なお客様のときにも、すぐにできて重宝です。

■材料（三色ご飯　4人分）
桜ご飯 …………… 米3カップ分
肉そぼろ
　ひき肉(とり、または合いびき) ……………………… 300g
　しょう油 …………… 大さじ2
　酒 …………………… 大さじ2
　砂糖 小さじ2(しょう油の⅓)
　しょうがしぼり汁 … 大さじ1
炒り卵
　卵 ………………………… 4個
　砂糖 ………………… 小さじ4
　塩 ………………… 小さじ⅓
　酒 …………………… 小さじ2
さやえんどう …………… 100g

つくり方

　肉そぼろをつくり、炒り卵(P.100)、塩ゆでしたさやいんげんの細切りとともに、上記分量で炊いた桜ご飯の上にかざります(青みは、青菜やグリンピースでもよい)。
　盛りつけはいろいろに。扇形に分けたいときは、箸で仕切りをつくってのせると、境目がきれいにできます。ご飯の上にもみのりを散らしてから、具を盛ってもよいでしょう。

肉そぼろのつくり方

ひき肉と調味料を鍋に入れ、4～5本の箸でよくまぜてから中火にかけ、かきまぜながら汁けがなくなるまで、とちゅうしょうがのしぼり汁を加えて炒りつけます。ごく細かく炒り上げたい場合は、あわ立て器を使うとよいでしょう。
＊肉の代わりに、油揚げを使ったそぼろご飯も経済的です。油揚げは三方を切り、薄く開いてから細切りにし、さらにみじん切りにします。鍋に移し、油揚げ1枚につき小さじ1杯ずつの砂糖、しょう油、酒を加え、そぼろに炒ってご飯の上に盛ります。酢めしの上にのせてもよいでしょう。(油揚げ3枚で4人分)

炊き込みご飯と丼もの

ご飯もののバリエーションの多さは、
さすがに「瑞穂の国」。
その季節ならではの味と香りを炊き込んで……。

■材料（4人分）

米 ……………………カップ3
水 ……………（昆布5cm角3枚分）
酒……大さじ2
（水と酒を合わせて720ml（2割り増し））
塩 …………………小さじ1
グリンピース ………カップ1（100g、さやごとで約300g）
塩 ………………小さじ$1/2$

＊ご飯もののレシピはすべて1カップ200mlです。炊飯器付属のカップ（180ml）で計量する場合は、表記の調味料を分量よりひかえめにすればよいでしょう。

青豆ご飯

初夏に出まわるさやつきのグリンピースの、香りと味を生かした塩味のご飯。

つくり方

● 米…炊く30分以上前に洗ってざるに上げる
● 昆布…3カップくらいの水につけておく（この昆布のつけ汁を使って米の水加減をする）
● グリンピース…さやから出して洗い、分量の塩をまぶしておく

①米は、昆布のつけ汁と酒を含めて水加減し、塩を加えて火にかけます。
②吹いてきたら、グリンピースを加えて一まぜし、中火の弱の火加減で15分炊きます。
③二呼吸（5秒ほど）強火にして火を止め、15分蒸らします。蒸らし終わったときにいちどしゃもじで上下を返しておきます。
＊炊飯器で炊く場合も、お米が煮立ってきたところで豆を入れます。

process
豆に塩をまぶす

小さじ$1/2$の塩をまぶすと豆の色がよりあざやかに。

炊き赤飯

家族の記念日や祝いの膳に。炊飯器でかんたんにできるお赤飯です。冷凍するときは、俵型で型ぬきをし、きれいに並べておくと、解凍して真ん中にごまをふるだけです。もち米１００％なら自然解凍しただけでいただけるので、おべんとうにも便利です。

■材料（炊き赤飯　5〜6人分）

もち米 ……………………カップ3
水 ……………………………480ml
（ささげのゆで汁＋水）
ささげ（または小豆）…カップ$\frac{1}{3}$
塩 …………………………小さじ$\frac{2}{3}$
〈ごま塩〉
黒ごま ……………………大さじ1
塩 …………………………小さじ$\frac{1}{2}$

もち米の水加減は米のかさの8割 ……（水）

つくり方

●もち米…洗ってざるに上げ、30分以上おく

①ささげは5倍くらいの水を加え、火にかけ煮立ったらゆでこぼし、もういちど5倍くらいの水を入れて火にかけ（15分ほど）、ささげの色が赤く出たらゆで汁をボウルにとりおきます。

②鍋に残ったささげにひたひたの水を加えて火にかけ、豆がおどらないぐらいの火加減で10〜15分、少しかためにゆでます。

③米、塩を鍋に入れ、とりおいたささげのゆで汁を含めて水加減し、ささげの水けをきって米にのせ、ふつうに炊きます。炊き上がったら豆をつぶさないようにそっと上下を返しておきます。

ごま塩【ごま6：塩1】

フライパンでごまを煎り（煎り方p.133）、塩を加えて鍋を2〜3回返して水けをとばします。

ささげの下煮に圧力鍋を使う場合

豆の下煮に、圧力鍋を使うと正味7分。ご飯の色、やわらかさの加減も申し分ありません。

つくり方　材料は炊き赤飯と同じです。2カップの水と洗った豆を圧力鍋に入れて火にかけ、シューと圧がかかってから2分で火を止め、5分蒸らします。炊飯器にもち米、塩を入れ、ゆで汁を含めて水加減し、豆をのせてふつうに炊きます。

蒸し赤飯

蒸し赤飯はもち米をささげの煮汁に浸し、一晩おいて蒸し始めます。時間をかけてつくるものですから、多めにつくります。

■材料（蒸し赤飯　8〜10人分）

もち米 ……………………カップ5
ささげ（または小豆）……カップ1
ささげのゆで汁＋水 ……カップ3
塩 …………………………小さじ1
ささげのゆで汁
（ふりかけるため）………カップ1
ごま塩

つくり方　もち米は洗っていちど水をきります。ささげは下ゆでし（炊き赤飯と同じ）、ゆで汁のうちカップ1杯分を別にとりおき、残りに水と塩を加えて、洗った米にひたひたにし、7〜8時間つけます（急ぐときは3時間でも可能）。

米がささげのゆで汁を含んでよい色にそまったら水をきり、ゆでたささげ（量については次項に）とまぜて、蒸し布をしいた蒸し器に入れて蒸し始めます。

湯気が勢いよく上がってきたら、とりおいたささげのゆで汁の$\frac{1}{3}$を手ですくいながら全体にふりかけます。15分おきくらいに3度くらいゆで汁をふりかけ、強火で40〜50分蒸します。とちゅう、蒸し水がなくならないように注意します。

■お赤飯の色がきれいに出ません。また、うっかりするとすぐ豆がくずれてしまいます。

よい色が出るささげの量は ……――蒸し器でつくる場合、米の2割はささげがないときれいな赤色は出ません。ところがそれをぜんぶご飯にまぜてしまうと多すぎるので、半量ほどは残した方が上品になります。残った豆はおしるこなどのあんにまぜて使います。

ささげが鍋の中でおどるようでは、豆の腹がきれてしまい、透明な赤水はとれません。ごく

ささげの腹がきれないように ……弱火で静かにゆでます。ゆで上がったささげは急に空気にあてても皮が破れるので、冷めるまではゆで汁につけておきましょう。

■材料（4人分）

うるち米の加減は2割り増し…… 米 ……………………カップ2
もち米の水加減は米の8割 …… もち米……………………カップ1
水 ……………………640ml
みりん……………………大さじ1
塩 ……………………小さじ$1\frac{1}{2}$
栗 ……………………むき栗約250g
皮つきなら約400g（米とほぼ同かさ）

栗ご飯

できれば旬に先駆けて、栗がやわらかい時期に。9月半ばから10月初めが旬です。

つくり方

①栗は熱湯に10分ほどつけてざるに上げ、鬼皮（外側の皮）をむきます。つぎに渋皮をていねいにむき、水にはなして30分ほどおきます。

……こうすれば栗の皮がらくにむけます

②小さい栗ならそのまま、大きいものなら三つ割りにし、水加減をして塩とみりんを加えたお米に入れて炊きます。

＊栗の分量は、刻んだものが米の半分あればよいでしょう。栗をむくと、皮つきのときのほぼ半分になりますから、鬼皮つきのものなら、米と同量の見当です。

＊２種類以上のお米を合わせるときの水加減は、それぞれの分を計算し、合計します。

＊もち米が入るとひと味違ったおいしさで、冷めてもそのままでいただけますが、栗ご飯の場合は、入れなくても充分おいしいと思います。

下煮してからつくる栗ご飯

栗をほんのり甘く下煮しておきますと、少々甘みの足りない栗でもおいしくいただけますし、栗ご飯をいつ炊くかの自由がきいて便利です。

つくり方　むき栗（２５０g）をだし（カップ１）とみりん（小さじ２）、塩（小さじ$\frac{1}{4}$）で八分通りやわらかくなるまで煮てから、ご飯に炊き込みます。米の水加減、塩の量（小さじ$1\frac{1}{2}$）は〝栗ご飯〟と同じ、みりんは入れません。

しょうがご飯

せん切りのしょうがと油揚げだけのシンプルな炊き込みご飯。さわやかな香りとほどよい辛みが新鮮です。おべんとうにもどうぞ。

つくり方

米は炊く30分以上前に洗ってざるに上げておき、昆布のつけ汁、酒で水加減し、塩、油揚げ、しょうがを加えて、ふつうに炊き上げます。

＊昆布のつけ汁（P.53）。昆布をお米といっしょに炊き上げるとぬめりが出たり、色が移ったりするので、このつけ汁だけを使う方法をおすすめします。

＊新しょうがの季節が終わったら、ふつうのしょうがで同じようにつくれます。

＊油揚げは熱湯をかけて油ぬきします。

■材料（3〜4人分）

- 米 ……………………………… カップ2
- 水（昆布のつけ汁）………／酒 ………………大さじ3　合わせて480ml（米の2割り増し）
- 塩 ……………………………… 小さじ1
- 油揚げ（せん切り）………………… 1枚
- しょうが（せん切り）……………… 20g

＊水は、昆布5cm角2枚分のつけ汁（P.53）

青菜に塩をまぜるとよくほぐれます

菜めし（まぜご飯）

春なら野原で摘んだよめ菜などを使ってもよいのですが、ふだんは大根葉、かぶの葉などのやわらかい部分を使います。

つくり方　よく洗った青菜を、さっと熱湯に通し、ごく細かいみじん切りにして布巾にとってかたくしぼり、塩をふりかけパラパラにほぐしておきます。炊き立てのご飯（蒸らし終わったとき）にほぐした青菜をふり込んでまぜます。

＊春菊やよめ菜はあくがつよいので、ゆでたあと、水にさらします。

■材料（3〜4人分）

- 米 ……………… カップ2
- 水… 480ml（米の2割り増し）
- 青菜（生の葉）……… 100g
- 塩 ………… 小さじ1/2

■材料（じゃこ高菜ご飯　3〜4人分）

- 米 …………… カップ2
- ちりめんじゃこ ………… 大さじ2〜3
- 高菜漬け …… 50〜60g
- 煎りごま（白） …… 適宜（約小さじ2）

じゃこ高菜ご飯（まぜご飯）

高菜とじゃこ＝鉄分とカルシウムの摂れる、かんたんまぜご飯！

つくり方　ご飯はふつうに炊き、高菜漬けは水けをしぼってみじん切りにします。ちりめんじゃこと高菜は、いっしょにざるに入れ、熱湯をかけてかるく水けをきります。ご飯にじゃこと高菜、煎りごまを加えてまぜます。

五目炊き込みご飯

具を下煮せず炊き上げる、手間なしレシピ。野菜の香り、歯ごたえを楽しみます。

■材料（4人分）

米……………………………カップ3
水……………………
酒…………大さじ3
しょう油…大さじ2
（水・酒・しょう油は合わせて660ml（米の1割り増し））
塩…………………………小さじ1
砂糖……………………小さじ$1\frac{1}{2}$
〈具〉
とりもも肉……100g
ごぼう…1本(約100g)
人参……………50g
干ししいたけ…3～4枚
油揚げ……………1枚
（具は合わせて300g）

つくり方

- 米…洗ってざるに上げ、30分～1時間おく
- とりもも肉…小さくそぎ切り（1cmくらい）
- ごぼう…2～3cm長さのせん切りか細いささがきにし、水にさらしてざるに上げる
- 人参…2～3cm長さの細切り
- 干ししいたけ…戻して軸をとり細切り
- 油揚げ…油ぬき(下)し、縦半分に切って細切り

①鍋に米と具、調味料を入れてかるくまぜ合わせ、火にかけます。はじめ強火、煮立って1分ほど沸騰をつづけたあと、ごく弱火にして15分、静かに炊きます。

②最後に二呼吸ほど（約5秒）強火にして火を消し、15～20分蒸らします。木じゃくしでかるくまぜ合わせます。

*秋にはぎんなんを入れて　薄皮をむいたぎんなんを（P.41）、ご飯が吹いたら加えます。短冊に切って下ゆでしたこんにゃくを他の材料といっしょに加えてもよいでしょう。……右の五目ご飯にぎんなん15～20粒、こんにゃく約$\frac{1}{2}$枚を加えます。（カバー写真参照）。

ごぼうがかたいときは？
——ごぼうの芯のところはいくら煮てもやわらかくならないものもあるので、かたそうな場合はあらかじめとり除きます。下煮してから炊き込む方法もありますからお試しください。

process
手ばかりの例

両手にすくって200gの野菜が入る

油揚げの油ぬき

沸騰した湯にさっとくぐらせ、まわりの油を落とし、ざるに上げる

具を下煮する場合

つくり方　材料は炊き込みご飯と同じです。下ごしらえした具を水（カップ1 $\frac{1}{2}$）と分量のしょう油、塩、砂糖で、さっと煮てあら熱をとり、具と煮汁とに分けます（ボウルをあてたざるにあけ、しばらくおいて汁けをきる）。この煮汁と酒を加えて水加減した米に、具を加えて炊きます。

まつたけご飯

今や貴重品のまつたけ。香りと味をしっかり引き出すためにも、しめじご飯（左頁）と同じ方法で下煮せず炊きます。

材料／米カップ2／水（昆布のつけ汁）カップ2／しょう油小さじ2／まつたけ100～150g／しょう油、酒各小さじ2／塩小さじ$\frac{1}{3}$

process
まつたけの切り方

1 先端の石づきはゴムのようにかたく、味もないので、スポッと切りとる。

2 軸は小口切りにして、縦に薄切り。

3 かさは繊維にそって切ります。

たけのこご飯

たけのこの旨みがご飯に移り〝これぞ炊き込み〟の真骨頂。

■材料（4人分）

- 米……………………………カップ3
- 水…………（昆布5cm角3枚）
- 酒………………………大さじ2
- しょう油………大さじ2弱
- 塩………………小さじ$1/2$

（水・酒・しょう油・塩は）合わせて720ml（米の2割り増し）

〈具〉
- ゆでたけのこ……………100〜150g（カップ1〜1 $1/2$）
- 油揚げ……………………1枚
- しょう油………………小さじ1 $1/2$
- みりん…………………小さじ1 $1/2$
- だし（または水）…………大さじ4〜5

木の芽……………………適宜

つくり方

● 米…炊く30分以上前に洗ってざるに上げる

● ゆでたけのこ…食べやすい大きさに切る。やわらかい先端は薄切りに、かたい根元は繊維を切るように小さめの短冊切り、またはいちょう切り（切り方写真）

＊たけのこの下ゆでの仕方はP.138

● 油揚げ…熱湯を通してから縦2つに切り、さらに5mm幅に切る

①鍋にたけのこと油揚げを入れ、しょう油、みりん、だしを加え中火で、汁けがなくなるまで煮ます。

②米は昆布のつけ汁と酒、しょう油で水加減し、塩を加えて火にかけます。煮立ったら手早く具を入れて平らにならし、中火の弱で15分間煮ます。最後にふた呼吸（約5秒）強火にして火を止め、15分ほど蒸らしてでき上がり。

③器に盛り、木の芽をあしらいます。

process
たけのこの切り方

やわらかい先端とかたい根元の部分が、同じような口あたりでいただけるよう切り分けます。

「木の芽」というのは何のことですか？

——ふつうはさんしょうの若芽をいいます。枝の先端のいちばんやわらかいところを使います。たけのこご飯にしたように天盛り、吸い口、焼きもののつけ合わせや木の芽和えなど、和食ではたびたび登場、とてもよい香りのするものです。洗ったら手のひらにおいてぴしゃりとたたくと香りが立つようです。大葉（しその葉）も同じです。

しめじご飯

炊き込みご飯が食べたい！と、思い立ったらすぐつくれるのがこれです。まいたけ、しいたけでも。

■材料（4人分）

- 米…………………………カップ3
- 水（昆布5cm角3枚のつけ汁）……………カップ3（米と同量）
- しょう油………………大さじ1
- しめじ………………200〜250g
- しょう油………………大さじ1
- 酒…………………………大さじ1
- 塩………………………小さじ$1/2$

＊米の水加減はきのこから水分が出るのでひかえてあります。

つくり方　しめじは石づきをとり、食べやすい大きさに房を分け、さっと洗います。ボウルに入れて調味料をふりかけ、かるくまぜておきます。昆布のつけ汁で水加減し、しょう油、しめじを加えて炊きます。

＊しめじだけではさびしいと思われるようなときは、生しいたけの細く切ったもの、ゆでておいたぎんなんなどを加えてもよいでしょう。写真は下ゆでして薄皮をむいたぎんなんを加えました。

ぎんなんは小さな紙袋に入れ、口を2〜3回折って電子レンジにかける。はじけた分からとり出して薄皮をとる。少量ならこのやり方が便利

エネルギー 733 kcal
塩分 3.1 g

親子丼

卵が固まる前に火を止めるとふんわりでき上がります。丼ものは具の味つけを少し濃いめに。

■材料（2人分）

- ご飯 …500g（米約1 1/2カップ分）
- とり肉 …… 100g
- 卵 …… 3個
- 玉ねぎ …… 100g（1/2個）
- 生しいたけ …… 3〜4枚
- 糸三つ葉 …… 1株（約20g）

〈割りした〉
- だし …… 大さじ4
- しょう油 …… 大さじ2
- みりん …… 大さじ1
- 砂糖 …… 大さじ1

つくり方

- とり肉…細かく切る
- 卵…2個と1個に分けてときほぐす
- 玉ねぎ…薄切り
- 生しいたけ…軸をとって細切り
- 糸三つ葉…3㎝長さに切る

卵を半熟加減で仕上げるのがコツ。火を使い出したらスピード勝負なので、下ごしらえで卵もといておきます ……

①フライパンに割りしたのだしと調味料を入れて中火にかけ、煮立ってきたら玉ねぎ、とり肉、しいたけを平らに並べ入れて、とり肉に火を通します（写真）。

②とりに火が通ったら、2個分のとき卵を一面に流し入れ（写真）、その上に三つ葉を散らしてかるくまぜます。

③卵がかたまり始めたら、残りのとき卵1個分を流し入れて（写真）火を弱め、蓋をして1分ほど煮ます。卵に生の部分が少し残っているような八分通りのところで火を止めます。

④丼に温かいご飯を盛り、上を平らにして具を盛りつけます。

＊小さなフライパンで一人分ずつつくってもよいでしょう

process

卵は2回に分けて入れる

1

割りしたでとりと野菜を煮る

2

1回目の卵（2個分）をまわし入れる

3

残り1個分を入れ、半熟に

■材料（4人分）

米 ……………………………… カップ2
麦 ……………………………… カップ1
水 ……………………… 660ml（＊）
塩…… ひとつまみ（小さじ1/5くらい）

〈とろろ〉

山芋……………………………… 200g
卵 ……………………………… 小1個
だし ……………………… カップ1 1/2
しょう油 ………………… 大さじ3

薬味　さらしねぎ（小口切り）、のり、青のり、わさび、ちんぴなど

＊麦だけの水加減はかさでほぼ同量です。

麦とろ

だしととろろの割り合いがうまくいくと絶妙な味わいに。あまりにおいしくて、麦めしが食卓にのぼる回数が増えてしまいます。

エネルギー 517 kcal
塩分 3.0 g

つくり方

●米、麦…炊く30分以上前に洗ってざるに上げる

●だし…しょう油で少し濃いめに味つけし、人肌に冷ましておく

●山芋…皮をきれいにむき、たっぷりの酢水（水カップ1に酢小さじ1の割で）につける

①麦めしは食事の時間を見計らって塩を入れて炊きます。

②山芋をすりおろし、すり鉢にとってすりこぎでなめらかになるまですります。全体がふわっとしてきたら、とき卵を加えてさらにまぜ、だしを少しずつ加えてのばし、調味します。

③炊き立ての麦めしにかけ、薬味をそえます。

＊山芋は、すりおろさず、あら切りしてフードプロセッサーにかけることもできます。まったく同じ口あたりとはいきませんが、楽にできます。

だしの量を多くすれば……「とろろ汁」に

とろろのやわらかさがむずかしくて、毎回違った風になってしまいます。

——山芋の種類によって、また時季によって必要なだしの量が違ってきますから、つくるたびにその加減をよく見て覚えておきましょう。うっかりつくっているのと、よく見ておくのは大違いです。

また、だしでのばしていくとき、汁があまり熱いとお芋がポロポロにきれたようになりますから、50℃くらいに冷まし、量も少しずつ入れながら、よくよくすり合わせていきます。とろろはでき上がってからでは味がなおせないので、最後のだしを加える前にいちど味をみて、うすいようなら残りのだしにしょう油を加えて加減します。

おかゆ

口あたりがよく胃にやさしいおかゆ。
病気のときや食欲のない日はもちろん、
ふだんの日の朝食にも。

■材料（全がゆ1単位、約4人分）

米	カップ1
水	カップ5
塩	小さじ1/2

白がゆ

おかゆは土鍋で炊くのがいちばんのようですが、口の広い浅鍋や大きすぎる鍋でなければ、ふつうの鍋でも充分おいしく炊けると思います。コツはなんといっても火加減です。

つくり方

●米…よく洗い、2カップの水に1時間以上、できれば一晩浸しておく

①倍量の水に浸しておいた米と水を鍋に入れ、さらに残りの水3カップを加えて中火にかけます。煮立ったら弱火にし、蓋を半がけにして30～40分、静かに煮ます。

米がおどらないような……火加減で

②炊き上がる1～2分前に塩を入れます。塩を入れて長く煮ると味が変わりますから、塩を入れたら一煮して火を止めます。

＊おかゆを煮ている間は、鍋の中のようすに合わせて吹きこぼれないように火加減を調節しますが、箸でかきまぜたり、いじったりしないこと。また、時間がかかりすぎると水加減が不足してきますから、「ちょうどよい火加減」がだいじです。

火にかけている間はい……じらないこと

おかゆ1人分のお米の量は、ご飯のときの半分弱が目安です。一～二人分なら焦げるようなことはありませんが、多人数のおかゆをつくるときは、どうしても下から焦げついてくるので、途中で静かにお鍋をかえることもあります。

「ご飯のときの半量の……米」が目安

水加減は米1に対して水が5倍から20倍までと幅があり、いただき方に合わせて水加減します。やわらかさの違いを区別してつぎのように呼んでいます。

やわらかさを区別した……名前がある

●全がゆ　米1に対して水5倍
●七分がゆ　〃　水7倍
●五分がゆ　〃　水10倍
●三分がゆ　〃　水20倍（おも湯がとれる）

実際には水が8倍でも9倍でもよいわけですから、慣れてきたら好みに合わせてつくり分けてください。

■材料（4人分）

水	カップ1
昆布	5cm角1枚
しょう油（うす口）	大さじ1
砂糖、酒	各小さじ1
みりん	小さじ2
片栗粉	小さじ2（水大さじ2でとく）

おかゆのとろとろあん

炊き立てのおかゆにとろとろあんがよく合います。これは昆布だしに濃いめのすまし汁くらいの味つけです。

つくり方　鍋に材料（片栗粉以外）を入れて弱火にかけ、一煮立ちしたら昆布をとり出します。かきまぜながら水どき片栗粉を加えてもういちど煮立て、とろみをつけます。しょうがのしぼり汁を落としてもおいしいでしょう。

かつおのだしがあれば、「水と昆布」のかわりに使います。どちらもおいしいだしですから、手間やくりまわしの都合優先でよいでしょう。

押し麦のオートミール風

麦ご飯に使うものと同じ押し麦ですが、おかゆのようにゆっくり炊くとプチプチっとしたゆかいな食感になります。

エネルギー 105 kcal
塩分 0.5 g

つくり方

押し麦（1カップ、約120g）は洗って30分～1時間水に浸し、ブイヨン（2カップ、または水＋スープの素）といっしょに厚手鍋に入れて火にかけ、やわらかくなるまで20分ほど弱火で煮ます。蓋は半がけにしておきます。押し麦が充分やわらかくなったら牛乳（1カップ）を加えて静かにまぜ、熱くなったら火を止めます。

・パルメザンチーズをふったり、ジャムをそえてもよいでしょう。（材料4人分）

七草がゆ

正月7日の朝、このおかゆで体を温めると、それだけで元気になった気がします。七草は、せり、なずな、ごぎょう、はこべ、ほとけのざ、すずな（かぶ）、すずしろ（大根）。

つくり方　米（1カップ）は洗って鍋に入れ、8カップの水を加えて15～20分おきます。青菜（数種とり合わせて100g）は細かく刻み、ざるに入れて熱湯をかけしぼっておきます。白がゆ同様におかゆを炊き、最後に青菜と塩（小さじ1/2）を加え、さらに4～5分煮て火を止めます。（材料4人分）

黒ごまがゆ

エネルギー 238 kcal
塩分 0.8 g

鉄分やビタミンEの多いごまをたっぷり摂る甘いおかゆです。

つくり方　全がゆ1単位の分量にすりごま（黒、60g）を最初から加えて、白がゆと同じように炊きます。最後に加える塩は白がゆより多め、小さじ2/3。盛りつけてからローストしてあらく刻んだくるみ（1椀あて約小さじ1）と、はちみつか砂糖など好みのもので甘みをつけていただきます。（材料4～6人分）

かき雑炊

■材料（かき雑炊　1単位）

冷やご飯………茶碗にかるく4杯
……（約500g・米1 1/2カップ分）
かき（小粒）………………… 300g
三つ葉（または春菊）……… 約60g
だし ……………………カップ5
（昆布のつけ汁P.53）
塩 ………………………… 小さじ1
しょう油 ……………… 小さじ2
へぎゆず

エネルギー 272 kcal
塩分 3.4 g

雑炊はおかゆと違ってさらっと仕上げます。かきの代わりに卵を使えば子どもたちの好物「卵雑炊」です。

つくり方

●かき…ざるに入れて塩水の中でふり洗いし、真水ですすぐ
●三つ葉…2cm長さに切る

①冷やご飯をざるに入れ、水をかけてねばりを洗い流します。

②だしにすまし汁より少し濃いめに味をつけ、煮立ったところにかきと洗ったご飯を入れ、青みを加えてさっとかきまぜます（生の春菊はかきを入れる前に入れます）。

③ご飯が熱くなったら盛りつけ、へぎゆず（表皮を薄くそいだもの）をそえます（写真は松葉をかたどって切った「松葉ゆず」です）。

＊冷やご飯を水洗いをしないと、ただの煮返しご飯になってしまいます。さらっとしたでき上がりばなをいただけるように、ほかの準備をすっかり終えてからだしを火にかけます。

＊また、かきに限らず貝類からは塩けが出るので、塩はひかえめに入れ、加減をみてください。

卵雑炊のつくり方

卵雑炊は、濃いめに味をつけただしにご飯を入れて一煮立ちさせ、最後にとき卵（1人分1個）でとじて、青み（長ねぎや三つ葉）をちらします。

おすし

手づくりのおすしには、その家なりの味わいがあります。
家族の記念日や行事の日などにみんなでつくって
思い出を、心と舌に残しましょう!

好きな食べものナンバーワンと言われるおすしですが、家庭でつくらない人が増えているのは残念なことです。和食の華、おすしを気軽につくれるようになっておけば、世界中どこへでても安心ですね。

巻きずしやいなりずしはお花見や運動会、立食パーティにも喜ばれます。五目ちらしなどは持ち寄りでつくるのも楽しいでしょう。具の一つ二つがフリーザーにあるだけで、手間も大違いです。

五目ちらし

下煮した野菜を酢めしにまぜ、上に錦糸卵などをかざる関西風のちらしずし。あらかじめ煮て冷ました具を、人肌くらいの酢めしにまぜると、味がよくなじみます。

五目ちらしのつくり方順序

①具を用意します（材料とつくり方P.48）。
②酢めしをつくります。
③酢めしが温かみのあるうちに、人参、かんぴょう、しいたけ、蓮根をまぜ合わせて器に盛り、でんぶ、錦糸卵を一面に散らし、青みをそえます。

合わせ酢の基本

- 酢……米のかさの1割
- 砂糖…米カップ1に対し小さじ1
- 塩……米カップ1に対し小さじ½

process

酢めしのつくり方

1

盤台にあけたご飯に、合わせ酢をいちどにまわしかける

2

ご飯の山を中央からしゃもじでおこし四方に手早く広げる

3

合わせ酢がまんべんなくいきわたるようにご飯を切り返す。ご飯粒をつぶさないよう「切るように」しゃもじを使う

基本の酢めし

■材料（五目ちらし　4人分）

米 ………………カップ3
水 ………（昆布のつけ汁）｝合わせてカップ3
酒 ………………大さじ2
＊昆布のつけ汁（P.53）は5cm角3枚を使います。

〈合わせ酢〉
酢 ………………………大さじ4
砂糖 ……………………大さじ1
塩 ………………………小さじ1 1/2

酢めしのつくり方

●米…炊く30分〜1時間前に洗ってざるに上げる
●盤台《はんだい》…水につけて湿らせ、ふいておく
＊ご飯を火にかけたら合わせ酢の調味料をまぜ合わせておきます。

①米を昆布のつけ汁と酒で水加減して火にかけ、吹いてきたら火を弱めて15分炊き、火を止めて12〜13分蒸らします。
②盤台にご飯をこんもりとあけ、上から合わせ酢をいちどにまわしかけ（写真）、しゃもじでご飯の山を四方に広げ、さくりさくりと手早くまぜます。ご飯が冷めないうちに切るようにまぜるのがコツです。
③すっかり酢がまざったら今度はうちわであおぎ、人肌ほどに冷まします。かたくしぼった布巾をかけておきます。
＊合わせ酢の砂糖の量は、具の種類によって加減します。基本的には魚のおすしのときは砂糖を少なく、野菜類のときは多くします。五目ちらしのときは甘く煮たものが入りますから、合わせ酢の砂糖をひかえてもよいわけです。

秋のきのこずし

こんなに手間いらずで味のよいまぜずしがあったのか……と目からウロコの一品です。

■材料（きのこずし　4人分）

酢めし
米 ………………………カップ3
水（昆布のつけ汁）………｝合わせてカップ3
酒 ………………大さじ2

〈合わせ酢〉
酢 ………………………大さじ4
砂糖 ……………………大さじ2
塩 ………………………小さじ1
＊下煮した具が入るので塩分はひかえめです。

〈きのこずしの具〉
生しいたけ ………………200g
えのきだけ ………………200g
しめじ ……………………200g
みりん ……………………大さじ2
しょう油 …………………大さじ2
酒 …………………………大さじ2
菊の花 ……………………1パック

つくり方

●生しいたけ…石づきをとって4つ割りにする
●えのきだけ…根元を切り落として半分に切る
●しめじ…根元を切り落として小房に分ける
●菊の花…洗った菊の花は片手でがくをもって花びらをねじりとり、酢少々を加えた熱湯（1ℓに酢大さじ1）にさっと通してざるにとり、冷ます
●合わせ酢…調味料を合わせてまぜておく

①鍋に調味料を煮立ててきのこを入れ、汁けをとばすように炒りつけます。
②酢めしをつくり（上記）、温かいうちにきのこをまぜ、器に盛りつけて菊の花を散らします。

五目ちらし　具のつくり方

ご飯と具のちょうどよい分量は、煮たもののぜんぶを合わせて、ほぼお米と同量と考えればよいでしょう。炊き上がったご飯に対しては約⅓見当です。

かんぴょうとしいたけ

しいたけからはよいだしが出ますので、かんぴょうといっしょに煮ます。

かんぴょうはさっと洗ったあと、塩でもんで洗い、水に浸して戻します。しいたけは充分戻ってから軸をとり、かんぴょうの傍らに入れ、調味料と水を加えて中火で煮汁がなくなるまで煮ます。

煮上がったしいたけは角切りまたはせん切り、かんぴょうは1cm長さに切ります。

- かんぴょう20g・干ししいたけ15g
- しょう油大さじ3½
- 砂糖大さじ3
- 水カップ1½
（しいたけの戻し汁を含む）

酢蓮根

蓮根の皮をむき、薄く輪切り（太いものは半月または四つ割り）にします。熱湯に酢を少々落とし、歯ごたえが残るくらいにさっとゆで、だしと調味料を合わせた中につけます。

- 蓮根100g
- 砂糖大さじ3
- 酢大さじ4
- 塩小さじ½
- 昆布だしカップ⅓

甘酢人参

人参はせん切りにします。上おきにして飾りたいときは、花形に切ったりします。だしに塩と砂糖を加え、八分通り煮えたら酢を加えて、煮汁を煮つめ、仕上げます。

酢を加えると色があざやかになり、くずれにくくなります。

- 人参50g ● 砂糖小さじ½
- 酢､塩各小さじ⅕ ● だしカップ⅓

さけでんぶ

手軽につくるためには、さけ缶を使うのがよいでしょう。さけの皮と骨をとり、水けをきって、厚手の鍋に入れます。調味料を加えて箸を4、5本持って弱火でさらさらに炒りつけます。でき上がっても火からおろして少し冷めるまでかきまわしています。

- さけ缶100g
- 砂糖大さじ1½
- 塩小さじ½
- 酒大さじ1½

五目ちらしの具（材料と調味料・酢めし3カップ分）

分量		しょう油	砂糖	塩	酢	酒	水またはだし
かんぴょう 干ししいたけ	**20**g **15**g	大さじ**3½**	大さじ**3**				水カップ**1** 戻し汁カップ**½**
蓮根	**100**g		大さじ**3**	小さじ**½**	大さじ**4**		だしカップ**⅓**
人参	**50**g		小さじ**½**	小さじ**⅕**	小さじ**⅕**		だしカップ**⅓**
さけ（缶詰）	**100**g（小1缶）		大さじ**1½**	小さじ**½**		大さじ**1½**	
卵	**3**個		大さじ**1**	小さじ**¼**			
さやえんどう	**30**g			小さじ**⅓**			

（かんぴょうと干ししいたけを別々に煮る場合）

かんぴょう	**20**g	大さじ**2**	大さじ**1½**				水カップ**1**
干ししいたけ	**15**g	大さじ**1½**	大さじ**1½**				戻し汁カップ**½**

錦糸卵

薄焼き卵をつくり（p.98）、4〜5㎝幅に切ってから重ねて細く切り、箸でほぐしてふわりとさせておきます。

- 卵3個
- 砂糖大さじ1
- 塩小さじ$\frac{1}{4}$

青み（さやえんどう）

さやえんどうはすじをとり（P.125）、塩をまぶしてゆで、冷水にとって2つに切り、かるく塩をしておきます。

- さやえんどう30g
- 塩小さじ$\frac{1}{3}$

process

干ししいたけの戻し方

上下を返しながら25分ほど。とちゅう、軸を切りとるとよい

かんぴょうとしいたけを煮る

しいたけからよいだしが出るので、いっしょに煮るとよい

針しょうがのつくり方

しょうがは繊維にそってせん切りにするとしなやかに。最初の薄切りの方向をまちがえると、訂正はききません。水にはなして天盛りする

かつおの手こねずし

「手こね」はさしみに下味をつけ、酢めしにのせて、手でこね合わせて食べるという意味。活きのいい魚でつくりましょう。

エネルギー 587 kcal
塩分 3.4 g

つくり方

かつおを7〜8㎜厚さのそぎ切りにし、たれにつけます。

かつおのつけ時間は10分〜一晩。それぞれにおいしくいただけます

酢めし（P.47）にたれにつけたかつおを加えてまぜ込んで器に盛り、みょうが、しょうがのせん切り（針しょうが）を散らします。

＊さしみはかつおのほかに、さば、まぐろ、さわらなどでもよいでしょう。このような青魚を使う場合や具に濃いめの下味がついている場合は、酢めしの塩、砂糖はひかえめにし、酒も不要です。

■材料（4人分）

米	カップ3
水（昆布5㎝角2枚分のつけ汁）	カップ3
かつお（さしみ用さくどり）	300g
しょうが（せん切り）	1片分
みょうが（せん切り）	2〜3個分
〈合わせ酢〉	
酢	大さじ4
砂糖	大さじ$\frac{2}{3}$
塩	小さじ$\frac{2}{3}$
〈たれ〉	
しょう油	大さじ3
酒	大さじ3
砂糖	ひとつまみ
煎りごま（白）	大さじ3

いなりずし

関東風の甘辛の味つけ。中に入れる酢めしは、おにぎりと違い、ふわっと口あたりよくにぎってつめましょう。

いなりずし（2個分）	かんぴょう巻き（1本分）
エネルギー 260 kcal	エネルギー 155 kcal
塩分 1.4 g	塩分 2.0 g

■材料（10個分）

酢めし	約400g（米1カップ分）
油揚げ	5枚
しょう油	大さじ2
砂糖	大さじ3
みりん	大さじ2
酒	大さじ2
水	カップ½
煎りごま（白）	大さじ1

つくり方

●酢めし…基本の酢めしを用意（P.46）

●油揚げ…袋に開きやすいように、めん棒でかるく押してから（写真1）2つに切り、皮を破らないように気をつける（写真2）。

①油揚げを煮ます。たっぷりの熱湯に入れ、5分ほどゆでて油ぬきし、水にとって押し洗いして、水けをしっかりしぼります。

②鍋に調味料と水を合わせて煮立て、砂糖がとけたところへ油揚げを入れ、落とし蓋、きせ蓋をして、10分ほど弱火で煮ます。途中、味がしみ込むようにときどき返しながら、煮汁がほとんどなくなるまで煮（写真3）、きせ蓋をしたまま冷まします。

上下を返す箸の先で穴をあけやすいので気をつけて！

③酢めしに白ごまをまぜ、1個分ずつかるくにぎっておきます。

④油揚げに酢めしを入れ、隅までかるくつめて、口もとを両側から折って返します。

＊酢めしの中には、煎りごまのほかにも実ざんしょう、しその実、人参や蓮根のせん切りなどの煮たものをまぜてもおいしいものです。

process

油揚げの煮方・つめ方

1 めん棒をかるく押して転がす

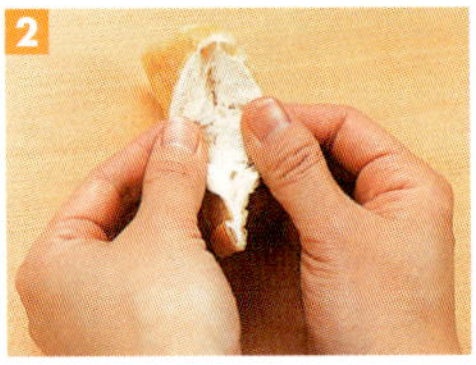

2 袋に開く　開きにくいところはもういちどめん棒で押すとよい

3 煮汁がなくなる前に火を止める

4 酢めしは10個ににぎり分け、油揚げにつめて口を折り返して閉じる

のり巻き（細巻き）

のりからご飯粒をはみ出させないコツは、酢めしの量を欲ばらないこと、端に必ず余白をつくっておくこと。まずはレシピの分量で。

■材料（5本分）

酢めし …約400g（米1カップ分）
焼きのり …………………… $2\frac{1}{2}$枚
〈具〉
のり巻き5～6本分…… かんぴょう ……………… 乾20g
しょう油 …………… 大さじ3
砂糖 ………………… 大さじ2
水またはだし ………カップ1

つくり方

- 酢めし…基本の酢めしを用意（P.47）
- かんぴょう…戻して煮る（煮方P.48）
- その他…手酢（酢と水同量で約1/2カップ）と包丁用の布巾を用意

①のり巻き用の巻きすをまな板におき、その上に横半分に切ったのりを、手前端にそろえて重ねておきます。（写真）

巻きすは竹の皮のついている平らな面が表です。表面を平らに仕上げたいのり巻きは表を上にします

②1本分の酢めし（約70～80g）を二にぎりに分けてのりの上におき、のりの手前1cm、向こう側を1.5cmくらい残して指先に手酢をつけて平らに広げます。

③酢めしの中央をかるく押してくぼみをつくり、かんぴょうをのりの長さに合わせて2～3本のせます。

④中指で具をおさえ、親指を巻きすの下に入れて、巻きすごと向こう側のご飯の端まで2つに折り、巻きすの手前側の端で押さえて引きしめます。

⑤巻きすの端を持ち上げ、のり巻きをいちどころがし、上から押さえて形をととのえます。

⑥巻き上がったものを5～6個に切ります。一回ごとぬれ布巾で包丁をふくときれいに切れます。

process
かんぴょう巻きのつくり方

1本分の酢めしを二にぎりにしておく（巻きすは表を上にし、あみ糸の房を向う側におく）

広げた酢めしの上に指先でかるく溝をつくり、かんぴょうをおく

巻きすの手前をおこして親指をあて、中指で具を押さえて巻き始める

向こう側のご飯の端まで2つに折る。向こう側にのりの端が出ている

のり巻きをもう1回転させて巻きすの上から押さえ、形をととのえる

1本を5～6切れに切る

きゅうり巻き

板ずりして縦4つ割りにし、かるく面とりしたものを芯にします。おろしわさびを少々酢めしにぬり、かんぴょう巻き同様に巻きます。

＊きゅうりの長さがのりの幅ほどあれば、きゅうり1本で4本ののり巻きができます。きゅうり巻きだけはまっすぐなきゅうりを選んでください。

太巻き

材料（3本分）　酢めし600g／焼きのり3枚

1本分の具の目安　そぼろ（大さじ2杯）／かんぴょう、しいたけ（煮たもの各20g）／卵焼き（10g）／ゆでたほうれん草、さやえんどう、三つ葉など少々の見当です。

細巻きも太巻きも巻き方のコツは同じです。

＊具の煮方はP.48をご覧ください。

家庭でひくだし

汁ものの急所はなんといってもだしのとり方。とくにすまし汁のできばえは、だしの加減でおよそ決まってしまいます。だしの材料はいろいろありますが、この本で使う基本的なだしのとり方をご紹介しましょう。

おみそ汁もすまし汁も、インスタントだしを使っていましたが、きちんとしただしはどのようにとればいいのでしょうか。

——汁ものは、すまし汁、潮汁など澄んだものと、みそ汁（けんちん汁なども）、とろろ汁、粕汁といったような濁った汁ものの二つに大別できます。その中には、ふつうのすまし汁のようにだしを土台にしたものと、潮汁、豚汁など、実になる材料を土台にして、そのもち味を生かすものとがあります。

●だし用の乾物

和風だしの材料には、かつお節、さば節、煮干し、昆布、干ししいたけ、桜えびなどがあります。

だしをとる乾物類は、計画的に買い、あつかいやすい大きさや分量に分けて、密閉容器に移します。保存は、室内温度の上がらないところで。よりよく風味を保つには冷蔵庫、冷凍庫内へ入れる方がよいでしょう。

かつお節　「かつお節」は、湯煮したかつおをいぶして乾かし、さらにかびづけをした加工品。削り立てはなんといっても香りが違います。削りがつおは、かつお節を削ったもの。だし用には大きく厚めに削られたものを使います。色つやがよく、縁に血合い（色の濃いところ）があるとよい味が出ます。

＊材料表の中に、「かつお削り」とあるのはかつお節を使い、「削りぶし」の場合はさば節やそれらの混合をもちいてもよいものです。

煮干し　銀色の光沢があるものを選びます。腹の部分が黄色みを帯びたものは古く、油が酸化しているので避けます。煮干しの大きさは頭から尾までの長さが約7㎝くらいのもの（1尾1g）がよい味が出ます。

昆布　黒褐色で、産地が同じであれば肉厚なものが上等です。だし用には、「真昆布」、「日高昆布」、「羅臼昆布」、「利尻昆布」の中から選びます。昆布の重さの5㎝角＝3〜4gは、日高昆布を基準にしています。

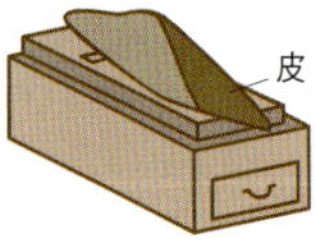

かつお節
本節は、1本の魚を4本に分けたもので、お吸いもの、だし用に（雌節　雄節）。亀節は、小さめのかつおを2本におろしたもの。主に煮ものに使います。皮が最後まで残るように、身の流れにそっておろします。逆さに削ると粉になります

かつおだし

削りがつおと昆布でていねいにとった一番だしは、最高の味わい。どんな料理にも合います。まず、すまし汁でそのおいしさを味わいます。

・かつおだし
材料と分量
（約3カップ　4椀分）
水　3 1/2カップ
削りがつお　約15g
昆布　5㎝角3枚

材料の割合

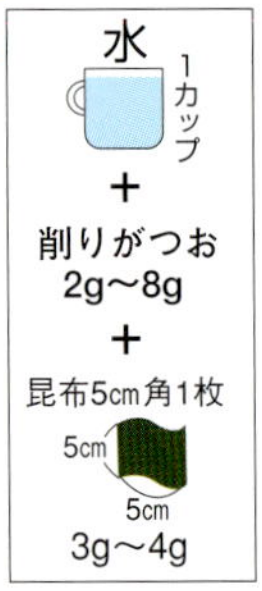

かつおだし（一番だし）

①昆布を水に浸す
昆布（切り目を入れません）は、乾いた布巾でかるくふいて鍋に入れ、分量の水をそそいで30分ほど浸しておきます。

みえないコツが見えてくる

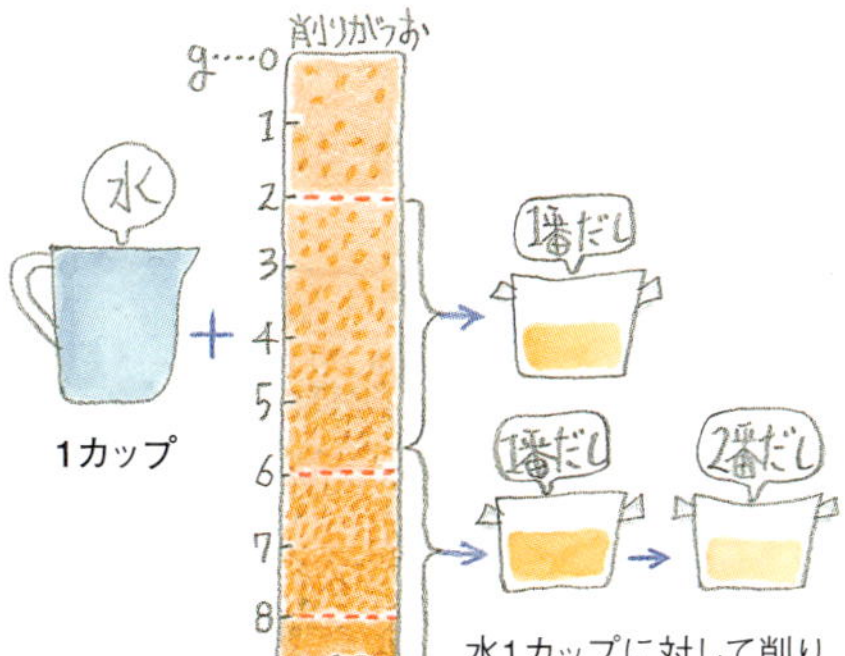

水1カップに対して削りがつおを6g以上使うと、おいしい二番だしがとれます。

昆布は煮立ててしまうと特有のにおいがでて味がわるくなるので、ぐらぐら煮立てることは禁物です

かたくしぼった布巾（または不織布）をあててこすと、かすまできれいにとれる

②中火にかける

鍋蓋はせずに中火にかけます。湯が煮立つ前に、昆布がふくれて浮き上がってきますから、そうなったら昆布は引き上げます。

③削りがつおを入れてこす

昆布を引き上げたら火を弱めて削りがつおを入れ、もう一度煮立ちかけたら火を止めます。浮いているあくをすくいとり、削りがつおが底にしずんだら万能こし器などでこします。

かつおだし（二番だし）

一番だしをとったあとの削りがつおと昆布を、もう一度煮出してとったもの。吸いものには向きませんが、みそ汁、煮もの、八方だしなどに使います。

二回目ですから、こんどは昆布の味がよく出るように3〜4本切り目を入れ、削りがつおとともに鍋に入れて水5〜6カップを加え、中火にかけ、煮立ったら弱火にして7分ほど煮出します。火を止めて布巾（または不織布）でこすのは一番だしと同じです。

＊だしは、多めにつくり冷蔵庫で保存（または冷凍）してもよいでしょう。年末からお正月などは、4〜5人分で約2ℓあると助かります。

煮干しのだし

家庭で頻繁につくるみそ汁、煮ものなどによく使います。根菜類（じゃが芋、大根、人参、蓮根、ごぼうなど）を入れた場合は、ことによく合います。

・煮干しのだし

材料と分量
（約3カップ　4椀分）
水　3 1/2カップ
煮干し　10g（約10尾）
昆布　5cm角3枚

わた、頭をとる

煮干しに味が残っていないか食べてみる。煮干しはみそ汁の具のひとつとして食べてもよい

材料の割合

水　1カップ
＋
煮干し　3g
小さいもの　5尾　　大きいもの　3尾
7cm
＋
昆布5cm角1枚
5cm　5cm
3g〜4g

煮干しだしのとり方

①煮干しは、生臭みや苦みをとり除くためにわた、頭をとる。大きいものは縦半分に裂く。

②煮干しの皮は、かるくこするように洗う。

③鍋に煮干し、昆布、水を入れ、蓋をしないで火にかける。煮立つ寸前に昆布を引き上げ、5分間中火でことこと。とちゅうあくをとる。

④網じゃくしで、煮干しを引き上げる。

＊あくのとり方

ボウルに湯を用意し、玉じゃくしの背であくを鍋肌によせてすくい、ボウルの湯でゆすぐ。

昆布のだし

昆布だしは、くせがなく上品な旨みでどんな素材の味も引き立てることが特色です。写真の昆布のつけ汁のようにあらかじめ水に浸しておくと、汁もの、すし飯、炊き込みご飯、和えものなどに手早く使えます。

材料と分量の割合

水　1カップ
＋
昆布　2g〜6g

昆布2g〜6g
5×3cm角
〜
5×8cm角
1枚

昆布だしのとり方

昆布は、ふいてそのまま分量の水につけます。最低30分は浸しておきましょう。

中火にかけ、煮立つ寸前に昆布をとり出します。

最高の6gは、浸すだけでよい味が出ていますから、火にかける以前に昆布をとり出します。

昆布のつけ汁

1単位　水400ml
昆布5cm角2枚（切り目は入れません）
浸す時間は夏30分〜2時間、冬は、3〜4時間。保存は、かならず冷蔵庫で。夏は2〜3日、冬は、4〜5日で使いきる

すまし汁

昆布とかつお節をぜいたくに使ってつくるおすまし。
椀種のとり合わせと味つけの基本を覚えれば、
一口飲んでふぅーっと納得の吸いものが、自由自在につくれます。

豆腐と生しいたけと三つ葉のすまし汁

いつもは「だしの素」の人も、何回かこのレシピどおりにだしをとって目分量を覚えてしまいましょう。塩は先に、香りを残したいしょう油は最後に入れるのがポイント。

エネルギー 28 kcal
塩分 1.4 g

■材料（4椀分）

だし（カップ3）
- 水……………カップ3 1/2
- 削りがつお …………約15g
- 昆布………………5cm角3枚

塩……………………小さじ2/3
しょう油 ……………小さじ1
豆腐（絹でも木綿でも）
……………………1/2丁（150g）
生しいたけ ………………3枚
三つ葉…適宜（1椀2本くらい）

つくり方

- ●豆腐…厚めの短冊切り
- ●生しいたけ…軸をとって薄切り
- ●三つ葉…2～3cmに切る

①昆布と削りがつおでとっただし（P.52）を中火にかけ、分量の塩を入れます。（写真4）
②だしが煮立ちかけたところに、豆腐と生しいたけを入れます。
③ここで味をみてどのくらいの塩加減になっているかを確認してから、（写真5）しょう油を加減して入れ、最後の味をととのえます。煮立つ直前に火を止めます。
④椀に三つ葉を入れ、豆腐がくずれないようにそっと熱い汁をそそぎ分けます。（写真6）

しょう油を入れる前に……味をみる
すまし汁は最後まで煮……立てない

process
すまし汁のつくり方

1

4椀分の材料

2

水と昆布を入れて火にかけ、煮立ち始める直前に昆布をとり出す

3

火を弱くしてから削りがつおを入れ、1分ほど煮て火を止め、かつお節がしずむのを待ってこす

4

塩を入れ、つづいて実を入れる

5

しょう油を入れる前に、塩加減を確認。

6

三つ葉の上から熱い汁をそそぐ

すまし汁の実のとり合わせ

①→②→③の順で椀種の組み合わせを考えます

① 主になるもの　まずここから1品選びます

■たんぱく質

- 白身魚
- とり肉　●貝
- えび
- 卵（卵豆腐）
- かまぼこ
- はんぺん

えびは形がおもしろい

■豆製品

- 豆腐
- 湯葉
- 春雨

干し平湯葉はぬれ布巾に包んで戻し、食べやすく切って使います

■めん類・粉のもの

- そうめん
- 麩
- 白玉だんご

大きな焼き麩は、水に浸し、しぼって汁に。生麩は最後にかるく火を通します

② あしらい　①に合うものを1～2品そえます　＊同じグループからは2品選ばない

青菜類

- 小松菜　●ほうれん草
- 菜の花　●春菊

根菜類

- たけのこ　●人参
- 大根　●うど
- ごぼう

さや豆など

- さやいんげん　●きぬさや
- そら豆　●オクラ
- とうがん　●きゅうり

海藻類

- わかめ
- とろろ昆布

きのこ類

- 生しいたけ　●しめじ
- まつたけ　●えのきだけ

③ 吸い口　香りや季節感の味わえる1片を浮かせます

季節を選ばないもの

ねぎ　ときがらし
三つ葉　七味唐辛子
しょうが　粉ざんしょう

春

木の芽
ふきのとう
せり
あさつき

夏

みょうが
わさび
青じそ

秋

青ゆず
穂じそ

冬

黄ゆず
すだち

とり合わせの例

吉野どり
（ささみに塩、酒をふり、片栗粉をつけてゆでる）
しめじ
結び三つ葉
（長いままさっとゆでて結ぶ）

菊花豆腐
（菊花かぶ〈p.131〉の要領で豆腐に切り目を入れる）
わかめ
へぎゆず

手まり麩
オクラ
（塩ゆでして小口切り）
糸ねぎ
（ねぎをごく細く切る）

塩だけで味をつけることもありますか。

——すまし汁は塩で味をつけて、しょう油は香りていどにするのが基本です。

すべてしょう油で味をつけると、でき上がりが真っ黒で見るからに色の濃いものになってしまいますので、3カップ分のだしに塩を小さじ$\frac{3}{4}$杯と、しょう油1、2滴にすると、見た目にも澄んだ味のよいすまし汁になるでしょう。豆腐のおつゆのようなときには、しょう油の味を主にするのがおいしいようです。

すまし汁にはどんな実がよいですか？

——ある料理の名人の家で出されたすまし汁に、何も実が入っていなかったので、どうしたことかとそのご主人にたずねたところ「今日の吸いものは味加減が自分ながらよくできたと思っている。入れようと思っていた実がふさわしく思えなかったので、入れなかった」ということだったそうです。すまし汁の実とはこういうもので、おいしいだしの味をこわさないように、上手なとり合わせを工夫したいものです。とり合わせとは主になるものと、そのあしらいと、吸い口（吸いものに浮かせる香味のこと）との調和ということになります。

また、栄養的には一応よいとり合わせができても、味の調和といっしょに色、形、かたさ、やわらかさなども考えます。同じ三種でも、白いものばかり、丸いものばかりそろったり、香りのあるものを二種類重ねたりしないように注意しましょう。

エネルギー 70 kcal
塩分 1.4 g

沢煮椀

「沢煮」は材料を種類多くとり合わせた煮もの。これを汁ものにした具だくさんの椀ですが、味が濁らず野菜の持ち味が生きているのは、すまし汁のお手柄です。

■材料（4～6椀分）

- 豚ばら肉……60g
- ゆでたけのこ……60g
- 人参……60g
- ごぼう……60g
- さやえんどう……6枚
- だし（カップ4）
  - 水……カップ4½
  - 削りがつお……約20g
  - 昆布……5cm角3枚
- 塩……小さじ1
- しょう油（うす口）……2～3滴
- こしょう

つくり方

- ●たけのこ、人参、ごぼう…3～4㎝長さのごく細いせん切りにし、水にさらす
- ●豚ばら肉…せん切りにして、熱湯で霜ふりにする
- ●さやえんどう…すじをとり、塩を入れた熱湯で歯ごたえが残るように色よくゆがき、せん切りに

①だしを温め、塩、しょう油を入れて味をととのえ、材料を入れて一煮立ちさせ、最後にさやえんどうを入れます。

②椀に盛ってさやえんどうを散らし、こしょうを一ふりします。

霜ふりの仕方P.76、81……

いただくときの適温は60℃くらい……

エネルギー 136 kcal
塩分 1.9 g

けんちん汁

野菜を炒めてだしを加えたあと、豆腐は炒めずに入れます。野菜と豆腐が渾然一体となるおいしさはかわらず、油は少なめのヘルシーレシピ。

■材料（4～6椀分）

- 大根……100g
- 里芋……100g
- 人参……50g
- こんにゃく…½枚（約100g）
- 長ねぎ……1本
- 豆腐……½丁（150g）
- ごま油……大さじ1
- だし（カップ4）
  - 水……カップ4½
  - 昆布……5cm角4枚
  - 削りがつお……約20g
- しょう油……大さじ1
- 塩……小さじ⅔

つくり方

- ●大根、人参…4～5㎜厚さのいちょう切り
- ●里芋…5㎜厚さの輪切り
- ●こんにゃく…縦半分に切って薄切り
- ●長ねぎ…小口切り
- ●豆腐…ざるにのせ、30分ほどおいて水をきる

薄切りなのでわりに早く火が通る……

①鍋にごま油を熱し、野菜とこんにゃくをよく炒めます。

②だしを材料にかぶるほどにそそぎ、ことことと野菜がやわらかくなるまで15分ほど煮ます。

③豆腐を手でくずしながら加え、残りのだしをそそぎ、ふたたび煮立ったらしょう油、塩で味をととのえます。

かきたま汁

急な来客で汁ものがほしいときに、大助かりのかきたま汁。卵が固まったり濁ったりしないよう、先にとろみをつけます。

■材料（4〜6椀分）

卵 ……………………………3個
だし（カップ5）
　水……………………カップ5 1/2
　昆布…………………5cm角4枚
　削りがつお …………（15〜20g）
塩 …………………………小さじ1
しょう油（うす口）…少々（2〜3滴）
　片栗粉 ………………大さじ1
　（水大さじ3でとく）
長ねぎ（小口切り）……大さじ2〜3

つくり方

● 卵…よくといておく
● 長ねぎ…薄い小口切り

仕上がりがきれいになるよう、先にとろみをつける……

①だしを火にかけ、煮立ったら火を弱めて塩としょう油を加えて調味し、水どき片栗粉でうすくとろみをつけます。

②火を強め、箸でだしをかきまぜながら、とき卵を糸のように細く流し入れます。鍋のふちから30cmくらいの高さからすると細くなります。

③椀にそそぎ、長ねぎを散らします。

＊吸い口には三つ葉のみじん切り、木の芽、しょうがのしぼり汁、へぎゆず、もみのりなどの季節の香りをどうぞ。

卵が口あたりよく固まりません。

——とき卵を入れるときは、箸を手早く小刻みにかきまわすとこまかい糸のようになり、ゆっくり大きくかきまわすとふわーっとした雲のようになります。落とす卵の量と作業の速度、火加減、どれか一つが違っても仕上がりに差がでます。今日はこれっと思ったものができるようになったら楽しいですね。

■材料（4椀分）
たいの頭（鮮度のよいもの）……1個
　塩 ………………魚の目方の約2％
水（煮つまり分も加えて）…カップ5
昆布 ……………………5cm角5枚分
塩 ……………………………小さじ1/2
しょう油 ……………………2〜3滴
酒 ……………………………大さじ2
長ねぎ（白い部分）………………15cm

たいの潮汁

魚屋さんでたいの頭が売っていたら、ぜひ試してほしい、味のよい吸いものです。頭はかたいので慣れない人は「潮汁《うしおじる》用に」とおろしてもらうとよいでしょう。

つくり方

●たいの頭…切り分けて（右下）よく洗う。ざるに並べ、塩をふって30分ほどおき、湯通しする（P.75）
●長ねぎ…刻んで白髪ねぎに（P.27）

①下ごしらえしたたい、水、昆布を鍋に入れて火にかけます。
②煮立つ前に火を弱め、昆布をとり出して塩を入れ、あくをすくいながら弱火でことこと煮ます。
③最後にしょう油、酒で味をととのえ、盛りつけて白髪ねぎを散らします。

＊潮汁は魚介から出る味を利用するものですから、だしをとらないでつくります。つみれ汁、船場汁なども同じです。てのひらくらいの大きさのたいの頭一尾分あれば、5人分の潮汁ができます。たいの頭に限らず、中骨からもよいだしがでます。このときは、少量の身を形よく切って、浮き身にしてもよいでしょう。
＊すずき、ぶり、さば、あじなど、おさしみをとった残りなどでつくってもよい。

process
たいの頭のおろし方

1

頭の切り分け　切り口のあごを手前に、口先を下におく。あごから口先へ包丁を入れ縦に切り開く

2
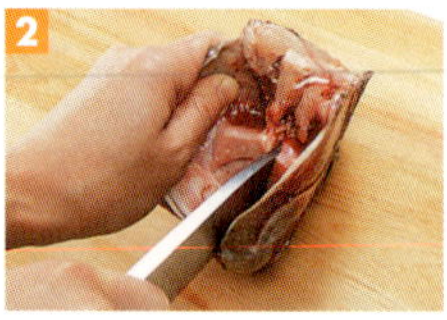
かまの部分を切り分ける

3

片身ごとに、目と口の間に包丁を入れ、4〜5等分に切り分ける

でき上がりが白っぽく濁ってしまいます。
――魚を煮るときは、鍋蓋をしないこと。中の汁は
ぐらぐら煮立てない……魚がおどらないほどの弱火で15〜20分ことこと煮ます。
あくをていねいにとる……その間にもあくをていねいにとればけっして白く濁ったりせず、透明なよい潮汁になります。最後に入れるしょう油と酒は香りづけです。

はまぐりの潮汁

ひな祭（桃の節句）というと、ちらしずしとともにこのおすましが思い浮かびますね。はまぐりからはほんとうにおいしいだしが出るので、昆布はあってもなくてもよいくらいです。

つくり方

●はまぐりの下ごしらえ（P.122）

①鍋に水とよく洗ったはまぐりを入れ、蓋はしないで強火にかけ、貝の口が開いたらすぐ弱

■材料（はまぐりの潮汁　4椀分）
蛤………12個(4cmほどの大きさで)
水………………………4カップ
(昆布 ………………5cm角3枚)
酒……………………大さじ1
塩 …………………加減をみて
しょう油 ………………2〜3滴
木の芽

火にして浮いてくるあわをとります。こうすると濁りのない汁ができます。

②そこに酒を加え、味をみてうすかったら塩を加え、しょう油を1〜2滴落とします。

③椀に盛り、吸い口に木の芽をそえます。

＊はまぐりを煮すぎると殻から身が離れたりかたくなったりしますから、煮直したりしないように、食卓に出す時間をはかっておつくりください。

だしを使わずにつくったら、一味足りない感じになってしまいました。

——潮汁は水とはまぐりと塩の量がつり合わないとおいしくありません。水は1椀分がだいたいカップ3/4ですから、これに4cmほどのはまぐり3個というのがちょうどよい量です。これでだしはなくてもおいしい味が充分に出ます。ものによって旨みが足りない場合は昆布（4人分で5cm角2〜3枚）を使って旨みを加えることもあります。

いわしのつみれ汁

口の中でホロホロくずれるつみれと熱い汁の組み合わせがたまりません。いわしは魚屋さんで三枚におろしてもらえば、らくにできます。

■材料（つみれ汁　4椀分）
いわし……………………………5尾
(約400g、すり身にして200g)
　赤みそ …………………大さじ1(18g)
　しょうがすりおろし …………小さじ2
　片栗粉…………………………大さじ2
水(または昆布のつけ汁) ………カップ4
塩 ………………………………小さじ1
しょう油 ………………………小さじ2
長ねぎ ……………………………1本
(またはごぼう20cmくらい)

つくり方

●いわし…頭をとって手開きにし、(P.118)、皮をとり、いちど包丁で細かくたたいてから、すり鉢でおよくすります。すりながらみそ、しょうがのすりおろし、片栗粉をまぜます。

＊フードプロセッサーを使うなら、昆布のつけ汁カップ1/4を材料に加えてください。みそ仕立ての場合は、みそを入れる必要はありません

●長ねぎ…せん切り

①鍋に水を入れて火にかけ、すり身にしたいわしを、しゃもじですくい、箸の先をぬらしながら、梅干し大に丸く形をととのえ(200gで約20個)、煮立てた中に落としてゆきます。

②火が通ると浮き上がりますから、あくをとります。すべて浮き上がったら塩を加え、最後にしょう油を落とします。ねぎは盛りつけ間際に汁にはなし、椀に盛ります。

＊ごぼうをあしらう場合には、ごく細くささがきにして水にはなし、ねぎと同様に最後に入れます。

つみれ揚げ

いわしのすり身が余ったら、半量ほどのささがきごぼうをまぜ入れ、小さな小判型にまとめて油で揚げると、香ばしい一品になります。みそが入っていて焦げやすいので、油温は低めに。揚げ立てに大根おろしをそえてどうぞ。

みそ汁

おみそ汁には、疲れた心身をほぐす力がこもっているようです。
野菜や海藻で具だくさんを心がけると、バランスのよい食卓に。

■材料（4椀分）

大根……………………200g
油揚げ………………… $1/2$ 枚
だし（カップ3）
　水　……カップ3 $1/2$ ～4
　煮干し…8～12尾（10g）
　昆布…………5cm角3枚
みそ…………大さじ2～3
（1椀分10g見当）

大根と油揚げのみそ汁

淡白な大根に油揚げが加わると、こくのある一杯に。だしは昆布と煮干しでしっかりととります。みそは根菜類が煮えてから入れるのが鉄則。煮立てず、香りを残します。

つくり方

●大根…拍子木切り
●油揚げ…熱湯をかけて油ぬきし、細切り

①だし（P.53）に大根を入れて火にかけます。
②大根がやわらかくなったら油揚げを入れます。みそをひかえめにとき入れて、味をみ、一煮立ちしたところで火を止め、でき立てをすすめます。

＊辛くなったからと薄めると、旨みが足りないみそ汁になります。みそはひかえめに入れて、味をみて足します。
＊やわらかな大根葉があれば、刻んで散らすのもよいでしょう。

process
みそ汁のつくり方

1

4椀分の材料

2

煮干しと昆布でだしをとる

3

だしで実（大根）を煮る

4

みそをとき入れる

5

みそはひかえめに入れて、一度味見。

みそをとくときに

お玉じゃくしを使う場合は、菜箸で少しずつときまぜる

基本のみそ汁 1椀分	
だし	150ml
実	50g
みそ	10g

毎日のことなので、いちいち計量したりレシピを確認したりせずに、よい味につくりたいのですが……。

――まず、使いなれたみその性質をよく知ることから、おいしいみそ汁のつくり方が始まるのではないかと思います。ふつうみそ汁用のみそは、辛口、中辛、甘口の三通りくらいだと思いますが、中辛みそなら一椀分の適量はだいたい上記のように覚えます。4人分つくるとすれば、約40g入用ということになります。

しかし、毎日大さじではかることはわずらわしいので、自分の家でちょうどよい分量は玉じゃくしにどのくらいかを見当づけておくと、その日使う材料のつごうで、適当に調節ができて、いつもおいしいみそ汁ができます。

自分の家のみその分量を知っておく

別項にもありますが（P.21）、中辛みそ大さじ1杯の塩分は約2gになります。

ふだんの「だし」で

すまし汁と違って、みそ汁はみその香りを加えて食べるので、上等のかつお節を使う必要はありません。みそ汁を毎日つくるという家庭では経済の点からも、栄養の点からも、煮干しを使うのがよいでしょう。

一回ごとにちょうどよい分量をつくるためにもいろいろ工夫をしておきたいと思います。たとえば、毎日使うお椀に水を入れて、人数分の水量をはかり、それがいつもみそ汁をつくる鍋にどのくらいの量になるかを覚えましょう。煮つまる水の量と、実が入って量が増す分とは、ほぼ同じとみてよいでしょう。

煮つまる水の量と実が入って増す量は同じ

だしをとる煮干しなどの分量も、およそ一椀分はどのくらいかを見当づけておきます。

みそ汁を毎日つくるお家でしたら、みそ汁専用の鍋を決めておき、わが家のみそ汁の量は、この鍋にどのくらいかを見当づけておきます。

みそ汁をつくる鍋が決まっているとよい

水がカップに10杯くらい入る鍋でしたら、3人から7人分くらいまでの量ができます。

基本のつくり方

だしは、1人分150mlと見当づけます。まず、鍋に人数分の水を計って入れ、だしをとります。

実にする材料が、芋類、根菜類のようなものは、好みの切り方にして、だしの中でやわらかくなるまで煮ます。

あくのつよい菜類はいちどゆでておきます。

実がやわらかくなったら、一人あて大さじ½〜1杯弱のみそを入れます。

みその分量は、一人あて大さじ½〜1杯弱

みそ汁をおいしくつくる急所は、みそを長く煮すぎないことですから、ここは急速にみそをとかさなければなりません。みそは生で食べてもよいくらいのものなので、長く煮ると香りがなくなってしまいます。かたい実を先にゆでるのもそれを防ぐためです。

みそはかたまったまま、だしの中に入れてもすぐとけませんから、少量の場合は、小さいこし器か玉じゃくしの中にみそを入れ、そのまま鍋の中で菜箸でかきまぜながらとかします。

豆腐、ねぎ、わかめなどのような、やわらかいものやすぐ火の通るものは、みそがとけたら入れ、ふうっと煮立ってきたときに火を止め、すぐに食卓に出します。

すぐに煮える具はみそをとかしてから入れる

みそ汁をくたくた煮込んだり、わかし直しす

START!

＊「大根とかぶ」のような組み合わせは、似たもの同士なのでいっしょにしない方がよいでしょう

■**じゃが芋（里芋）**

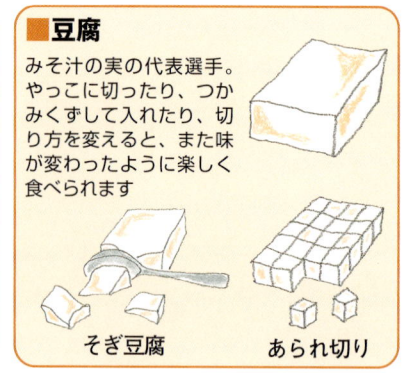

案外早く火が通ります。
煮くずれに注意

いちょう切り　さいの目切り

■**豆腐**

みそ汁の実の代表選手。やっこに切ったり、つかみくずして入れたり、切り方を変えると、また味が変わったように楽しく食べられます

そぎ豆腐　あられ切り

次の段に向かい…

□**ねぎ**

実としてたっぷり入れるときは、
ぶつ切り、ななめ切りなど
（吸い口としてなら、小口切り、
細切り）

油揚げをそえて

□**油揚げ**

こくが加わっておいしくなります

実に青いものがない場合、実が汁の中に沈むものの場合はとくに、
青みを浮かせるとよいでしょう
青み………ねぎ　三つ葉　つまみ菜　大根葉など

でき上がり!

ることは、味をわるくするので注意しましょう。

毎朝みそ汁をつくるお家では、朝は忙しいでしょうから実の用意も夕食後にしておくとか、だしだけでもとっておくとかすると、気楽においしいみそ汁ができます。

朝食はパンという家も多いでしょうが、みそ汁はご飯といっしょに食べるものと決めず、実の工夫をしたり、うす味にしたみそ汁をスープ代わりにすることも考えたいと思います。

みそ汁の実はどんなものがよいでしょうか。

――朝のみそ汁にしても、夜のみそ汁にしても、大切なおかずになるものですから、実には充分に気をつかいたいと思います。栄養と味わいの上からも、一種だけでなく、二種とり合わせることができればよいと思います。といっても、このとり合わせはなんでもよいというわけではありません。豆腐と油揚げ、大根とかぶといったとり合わせでは意味がなく、主になるものに対して他の一つは、味をそえるものとか、香りをそえるものを選びます。

前日使った材料の中から上手に利用すれば、二種のとり合わせは、さほど苦労なくできると思います。たとえば、煮ものに使った大根を少し残し、せん切りにして油揚げととり合わせるとか、ねぎの白い部分は夜の料理に使い、残った青いところを割って、ぬるぬるをこすりとってから細く切り、豆腐といっしょに用いることもできます。

わかめ、麩のような乾物類をいつも用意しておけば、またとり合わせが豊かになります。

みそ汁の実のとり合わせ

上段の5グループから主になるものを1品決めて、そこに下段から1品をそえると、まず間違いなくおいしいみそ汁になります。青みをそえて仕上げ、味も彩りも楽しい一椀に。

分量は１人分50～60gを目安に

■野菜
●キャベツ ●白菜
●もやし ●玉ねぎ
●さやいんげん
●かぼちゃ ●なす
●山菜など
旬の野菜をたっぷり入れるのもおいしい

■麩
●かんぴょう
●割り干し大根など
乾物類を常備しておけば、またとり合わせが豊かになります

■大根（かぶ）
おろして入れると「みぞれ汁」です

大根を選んで

短冊切り　いちょう切り　千六本（大根のせん切りをこう呼ぶ）など

□青菜
さっと炒めて加えるのもよい

□きのこ
生しいたけ　しめじ　なめこなど

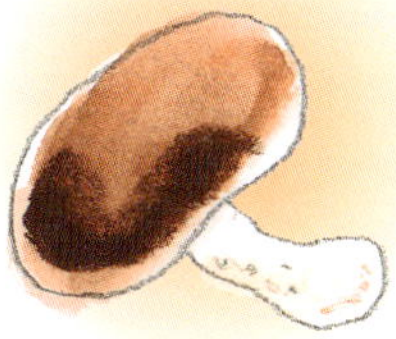

□わかめ
摂りにくい食品の一つ、海藻が活躍

最後に　吸い口（P.55）をそえると、より風味豊かなみそ汁になります

冷たいなすのみそ汁

よく冷えたみそ汁は、あつあつにまさるとも劣らぬおいしさ。薬味をきかせていただきます。

材料（4椀分）／みそ汁（P.60）カップ3／なす中4本／しょうが・みょうが

つくり方　だしにみそをとき入れて一煮立ちさせ、冷やしておきます。なすは網にのせて皮ごと中火の強で焼きます。竹串がすっと通ればなすに火が通っています。皮が焦げたら、冷まして手でむき、へたは切り落とします。食べやすいように、竹串を使って縦に3～4切れに裂き、1人1個分を椀に入れ、おろししょうが、せん切りまたは小口切りにしたみょうがをのせ、冷やしておいたみそ汁をそそぎます。

食欲のない夏にむくおみそ汁は…

——暑いときは、野菜類をごたごたと煮たみそ汁は歓迎されません。むしろ大きく切った野菜をゆでて実にし、少しからめのみそ汁をそそいだものなどが喜ばれるでしょう。材料にあまりみそ味をしみ込ませないで食べる方があっさりしているのです。

豆腐なら5×3㎝くらいの角切りにし、さっと火を通して椀に入れ、みそ汁をそそぎます。ゆでた青菜のみじん切りをパッとはなすとか、からしを落とすのもよいでしょう。

ほかにかぼちゃを大切りにしたものに七味をふったり、皮をむいた焼きなすに、すった黒ごま入りのごまみそ汁などがよく合います。

エネルギー 65 kcal
塩分 1.7 g

しじみのみそ汁

だしをとらなくてもよい味になる貝のみそ汁。砂ぬきしたものでつくれば「手早いのにおいしい食卓づくり」に大貢献します。このレシピでは昆布を加えて、さらに旨みを足しています。

つくり方

●しじみ…真水で1～2時間砂をはかせ(P.122)、殻と殻をこすり合わせてよく洗う
●細ねぎ…小口切りにする

①鍋に昆布を敷いてしじみを入れ、水を加えて、分量よりひかえめのみそを少しずつ分けてちょんちょんとおきます。こうすると、しじみの口が開くころ、みそがほどよくとけます。

②鍋蓋をして中火にかけ、一煮立ちして具の口が開いたらでき上がりです。椀に盛り、ねぎを散らします。

＊あさり、はまぐりなど海の貝のときは、塩分が出るのでとくに注意して味を確かめます。

＊あさりを使う場合は3%くらいの塩水に浸し、砂をはかせて殻をよくこするようにして洗って使います。

＊貝類は何度も煮返すと中の身が落ちてしまうので、遅れて食事をする人の分は、汁に入れずにとっておきます。

■材料 (4椀分)

しじみ……………………300g
細ねぎ(あさつきなど)……………………2～3本
水……………………カップ3強
昆布……………………5cm角1枚分
みそ……………………大さじ2½～3

process
しじみ汁のみそ

最初にみそをところどころにおいて火にかける

よもぎ麩の白みそ仕立て

白みそとうす口のしょう油で仕立てる、上品な関西風のみそ汁です。

つくり方

①鍋にだしを入れて温め、西京みそをとき入れてこす。うす口しょう油を数滴落とす。

②よもぎ麩は、1.5cm幅に切り、やわらかくゆでる。①の汁を小鍋に少量とり、よもぎ麩を煮て味を含ませる。

③温めた椀によもぎ麩を盛り、熱い汁を麩が見えるほどに張って、水からしを天盛りにする。

＊水からし　からしを、少量の番茶でとき、よく練ってから水を加えて水状にする。

■材料 (4椀分)

だし……………………カップ3
西京みそ……………………約150g
しょう油(うす口)……少々
よもぎ麩……………………⅓本
水からし(下に説明)……少々
＊よもぎ麩のかわりに粟麩、かぶ、大根でも。

赤だしのみそ汁

じゅんさいの独特のぬめりと歯ごたえは、くせのある赤だしのみそ汁とよく合います。さんしょうをアクセントに。

つくり方

①庄内麩は、ぬれ布巾に包み、切りやすいようにしんなりさせ3mm幅に切る。

②渋みのある八丁みそと、甘みのある江戸みそとを合わせて包丁でこまかく刻み、だしの中へとき込み、あくをとり、少しことこと煮る。

③じゅんさいは、湯に通し、目ざるに入れてコロンとした状態にする。

④椀に実を入れて、汁をそそぎ、粉ざんしょうをふる。

■材料 (4～6椀分)

じゅんさい(瓶詰め)……¼本分
庄内麩(または焼き麩)……½枚
だし……………………カップ4½
八丁みそ……………………50g
江戸みそ(京みそ)……………………20g
粉ざんしょう

豚汁

具だくさんの豚汁は、実になる野菜や肉からおいしいだしが出ますから、煮干しやかつおでとっただし汁を使う必要はなく、水だけで充分です。ときどきに違う素材の味をききわけて、楽しむ姿勢を忘れずに…。

■材料（4椀分）

肉の量は1椀分30gまで。多すぎてもしつこくなる。

豚薄切り肉（またはこま切れ）……100g
大根……150g
人参……60g
里芋……150g
ごぼう……50g
こんにゃく……1/2枚（100g）
昆布……5cm角1枚
長ねぎ……1/3本
サラダ油……大さじ1 1/2
水……カップ5
みそ……70g
しょうが……1片

エネルギー 220 kcal
塩分 2.2 g

つくり方

- 豚薄切り肉…一口大に切る
- 大根、人参…皮をむいて小さめの乱切り
- 里芋…皮をむいて表面のぬめりを布巾でしっかりふきとり、1cm厚さの輪切り
- ごぼう…たわしでよく洗い、皮をこそげて小さめの乱切りに切って水にはなしたあと、水けをきる
- こんにゃく…下ゆでし、縦半分に切って厚さ5mmの短冊切り
- 長ねぎ…5mmの小口切り

①深鍋に油を熱し、肉を入れて炒め、肉の色が変わったらさらに大根、人参、ごぼう、こんにゃくを入れて炒めます。

②油が野菜によくからみ、しなやかになったころに水と昆布を入れ、中火で煮ます。とちゅう浮いてくるあくをすくいとり、10分ほど煮たら半分量のみそと里芋を入れ、野菜がやわらかになるまで煮ます。

③残りのみそを野菜の煮汁でゆるめてひかえめに加え、最後にねぎを入れ、味をもういちど確かめて、一煮立ちしたところを盛ります。しょうがのしぼり汁を落とします。

粕汁

粕汁にはアルコールが香り立つような濃厚なイメージもありますが、このレシピは濃すぎず薄すぎず、ふだんの夕食向き。子どもたちでも食べられる味つけです。

■材料（5椀分）

塩ざけの頭（または切り身）……約200g
大根……150g
人参……50g
ごぼう……50g
こんにゃく……1/3枚（90g）
油揚げ……1枚
長ねぎ……1本
酒粕……50g
みそ……40g
水……カップ5
＊さけは塩の多い方がおいしくできます。

エネルギー 187 kcal
塩分 1.7 g

つくり方

- 塩ざけ…一口大に切り、一度ゆでこぼして塩出しをし、流し水でうろこや汚れ、血合いをとり除いて使う
- 根菜…大根は皮をむいて長さ4cm、厚さ7～8mmの短冊切り。人参、ごぼうは大根より少しうすめの短冊切り
- こんにゃく…下ゆでして大根と同じように切る
- 油揚げ…縦半分に切って細切り
- ねぎ…2cmのぶつ切り

①鍋に長ねぎとみそ以外の材料をぜんぶ入れ、分量の水で煮始めます。

②ごぼう、人参がやわらかくなったら、ここでいちど味をみます。塩ざけや塩ぶりを使った場合は、しぜんに塩味がつきますから、まずみそを半量加え、味を確かめて残りのみそを加減して最後に酒粕といっしょに加えます。酒粕は鍋の汁カップ半杯くらいでとき、こし器を通して入れます。

③ねぎを入れて火を止め、椀に盛ります。

＊寒いときは、温め返して食べるのもかえってよいものですから、2回分くらいたっぷりつくっておくと重宝します。

めん

お父さんも子どもも大好きなうどんやそば。
手軽な一品としても重宝しますが、
本物のつゆをこしらえて、
めん料理をいただいてみませんか？

きつねうどん

めん類の準備は「めんつゆ」の普及でらくになりましたが、キッチンから漂うだしやしょう油のいい香りには勝てません。覚えやすい分量ですから、ぜひ、つゆもつくってみてください。

■材料（4人分）

生うどん……600g（1人分150g）
（乾めんなら1人分100g）
青菜（ほうれん草）……120g
油揚げ甘辛煮……油揚げ5枚
長ねぎ……8cm（20g）
〈かけ汁〉
だし（だしのとり方P.52）
水……カップ5強
昆布……5cm角3枚（15g）
削り節……20g
しょう油……カップ1/4（50ml）
みりん……カップ1/4（50ml）

つくり方

●**油揚げ**…だしと調味料で煮て、好みの大きさに切る（いなりずしの揚げと同じP.50）
●**青菜**…ゆでて3～4cmに切る
●**長ねぎ**…薄い小口切り
●**かけ汁**…だしを煮立てて調味料を加え、一煮立ちさせる

①たっぷりのお湯をわかし、めんをゆでます。
②どんぶりにめんを盛り、油揚げ、ほうれん草をのせて温かいかけ汁をそそぎ、ねぎをのせます。
＊好みで七味唐辛子、粉ざんしょうなどそえます。

上手なゆで方のポイント

・たっぷりの湯でゆでる
（200gの乾めんならば2～3ℓの湯）
・ゆで時間を表示に従う。タイマーもセット
・火加減をみながらふきこぼれに注意
・ゆだったら手早くざるにあげる
・水にさらしてぬめりをとる
・かけにする場合は、水にさらした後湯に通す

めんをゆでるときに

おいしいうどんを食べたいと思ったら、できれば生めんを求めたいものですが、最近では冷凍のゆでめんもコシがあって人気があります。乾めんは保存がきき、常備に適しています。ゆで加減が決め手になるので上の「ゆで方」に注意して、おいしくゆで上げてください。

昔からめんをゆでるときは、「さし水」をといいますが、火加減で調節がきく場合は、これに限りません。ただし、湯に対してめんを多めにゆでるときは湯温が下がりにくいですし、今にもふきこぼれそうなときなどは、さし水が効果があります。

そうめんは2～3分、**ひやむぎ**は5～6分を目安に、同様のゆで方で。

そばの場合

生めん　たっぷりの沸騰した湯にめんをほぐし入れ、ふたたび沸騰したころにかたさを確かめます。ややかためでざるに上げ水をきります。そば粉の割合の多いものほど短時間でゆでます。

乾めん　ゆで方はうどんとほぼ同様です。汁そばはかためにゆで、水にさらしてから湯に通し、汁をかけます。そばは変質が早いので、生めん、乾めん、いずれも早めにいただきましょう。

めんつゆ・八方だしの分量

種	食べ方	分量
かけ汁（4人分）	かけうどん かけそばなどに	水 カップ5強 昆布 5cm角3枚 削り節 20g しょう油 カップ1/4 みりん カップ1/4
つけ汁（3人分）	水けをきっためんをつけていただく	水 カップ1 昆布 5cm角1枚 削り節 6g しょう油 カップ1/4 みりん カップ1/4
冷やし麺（3人分）	水につけたそうめん、ひやむぎに	水 カップ1 昆布 5cm角1枚 削り節 6g しょう油 カップ1/3 砂糖 大さじ1 （またはみりん大さじ1 1/2）
八方だし（1単位）	材料を一煮立ちさせてこし、保存。2倍の水を加えてつけ汁、10倍でかけ汁に。てんつゆ、煮ものなどにも。	しょう油 カップ1 みりん カップ1 削り節 10g 昆布 5cm角1枚

＊つくり方はきつねうどんのかけ汁と同様に

肉みそサラダうどん

ピリ辛の肉みそにさっぱりした生野菜がうれしい冷たいめん。肉みそは一度に三単位くらいつくって保存しておくと、炒めものの味つけやなすの油焼きにそえるなどでき重宝です。

■材料（4人分）

- うどん（乾）……300g（1人約80g）
- きゅうり……1本
- セロリ……1/2本
- 人参……1/4本
- 玉ねぎ……1/4個
- 貝割れ大根……1パック
- 針しょうが……1片分

〈肉みそ〉

- 豚ひき肉（または合いびき肉）300g
- 長ねぎ……1本
- みそ（できれば赤みそで）…大さじ3
- 砂糖……大さじ2
- しょう油、酒……各大さじ1
- 豆板醤……小さじ1
- 酢……大さじ3
- ごま油……小さじ1

つくり方

●きゅうり…斜め薄切りにしてからせん切り
●セロリ…すじをとり3～4cm長さのせん切り
●人参…3～4cm長さのせん切り
●玉ねぎ…薄切り
●貝割れ大根…根元を落としてほぐす
●しょうが…ごく細いせん切り（針しょうが）
（セロリ、玉ねぎ、しょうがは繊維に沿った方向のせん切りにし、水にはなす）
●長ねぎ…小口切り

①最初に肉みそをつくります。鍋に酢、ごま油以外の材料を入れ、弱火にかけて炒め始め、最後は強火で肉に火を通し、火を止めてから酢、ごま油をふり入れ、まぜます。

②めんはゆでてざるにとって湯をきり、すぐに冷水でもみ洗い、水けをきって器に盛ります。

③野菜は冷水にはなしてパリッとさせたら、よく水けをきって器に盛っためんの上にのせ、肉みそをかけてまぜながらいただきます。

＊みょうが、ねぎなどを加えてもよいでしょう。

豚と高菜の汁そば

豚肉と高菜漬けを炒めたところにスープを加えるだけで、ラーメン屋さんもびっくりのおいしい汁そばができます。めんをたっぷりの湯に入れ強火でゆでることは、他のめんと共通です。

■材料（2人分）

- 中華生めん……2玉
- 豚薄切り肉……150g
  - 塩……小さじ2/3
  - 酒、片栗粉……各大さじ1/2
- 高菜漬け……50g
- しょうが（みじん切り）…大さじ1
- サラダ油……大さじ1〜2
- スープ（とりがらスープなど）…カップ3
- しょう油……大さじ2
- 砂糖、塩……各小さじ1

つくり方

●豚肉…せん切りにし、下味の調味料を加えてもみ込んでおく

●高菜漬け…長さ2cmに切る

①中華鍋を火にかけて油を入れ、鍋がぬるいうちに豚肉を炒め始め、しょうが、高菜を加えてさらに炒めます。温度が低いうちから炒めると少ない分量のものでも焦げつきません。

②スープを加え、塩、しょう油、砂糖で調味します。

③熱湯に塩を加えてめんをゆで（ゆで加減はめんの種類ごとに違うので表示を参考に）、湯をきって熱いまま丼に入れ、その上から汁と具をかけます。

＊煎りごま、ラー油、ごま油などの香りもよく合います。

主菜の一皿

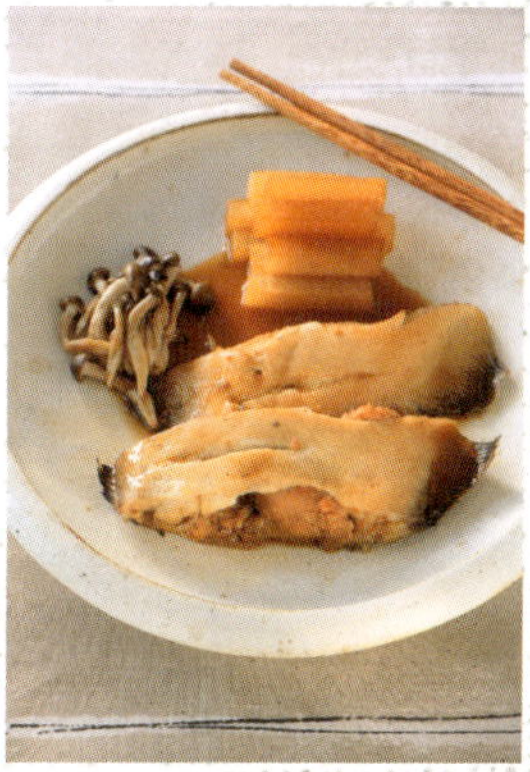

煮ものをふっくら味よく仕上げるには？

和風の煮ものがおいしくできれば、食卓は一気にグレードアップ。料理の「勘」を養う火加減の見方と鍋蓋の使い方。

肉じゃがや炒りどりなど、和食の煮ものはリクエストが多いのですが、つくるたびに煮え加減が違ったり、味がうすかったりで、母のようにいきません。どんなことに気をつければよいのでしょう。

——家庭料理の中でも煮ものが上手になったら、その家の食事は目立っておいしいものになるでしょう。ポイントとなるのは、材料と調味料の配合と、水加減、火加減と煮える時間、鍋と材料のバランスです。

とくにでき上がりを大きく左右するのは火加減のよしあしです。沸騰するまでは割合に火を強くし、それからは中の温度が下がらないていどに火を弱めて煮込むのが基本です。火が強すぎると上記のようになり、逆に弱すぎると材料の水分がしみ出しすぎて持ち味をなくしたり、中まで適度の火が通らず、味がよくしみなかったりします。「強火・中火・弱火」はガスの火の強さだけでなく、鍋の中の状態で判断すると、早く煮もの上手になれるでしょう（左上図）。

ベテランの人でも、初めてのガス台や鍋では失敗することがあるほどですから、自分の家のそれぞれの火口の強弱や、使う鍋、蓋の性質を知り、使いこなすことも大切ですね。

火が強すぎると

●材料がおどって煮くずれる、煮汁がにごる
●材料がかたく、味がしみこまないうちに汁が煮つまってしまう。焦げる

鍋の大きさと材料

鍋の高さの半量までの材料が煮えやすい分量の見当。（魚は重ねて煮ないので例外）

大きい鍋の底に、材料が浅く入るとよく煮えない

いろいろな煮方があるようですが……

——以下のように、調味料別に分けてみると、煮方の要領が頭に入りやすいでしょう。

湯煮　ゆでもの
塩煮　塩だけで味をつけたもの
塩、こしょう煮　洋風の煮もの
白煮　砂糖と塩とで色をつけずに煮たもの
しょう油煮　だしとしょう油、またはだしとしょう油と砂糖で煮たもの
・煮しめ　材料の形をくずさずに、時間をかけて汁けがなくなるまで煮たもの
・煮つけ　少なめの煮汁で、ほとんど煮汁を残さずに煮るもの
・かか煮　だしを使わず、味つけしてからよいかつお節を削って材料にふり込む煮方
・含め煮　汁けを多くし、弱火で煮込み、煮汁の中に浸して味を含ませる煮方
・そぼろ煮　魚肉類を細かくして、汁けなくぽろぽろに煮たもの
佃煮　味を濃く、汁けなく煮つけたもの
甘煮　煮豆、きんとんのように砂糖を主にして煮たもの
みそ煮　みその味を主にして煮たもの
酢煮　酢味を主にして、砂糖の甘みを加えたもの
その他　酒煮、照り煮、あめ煮、葛煮など。

＊材料の切り方によって、角煮、丸煮、姿煮などもあります。

煮ものの火加減

弱火

●煮汁が静かに動くくらい
●材料はほとんど動かない

中火

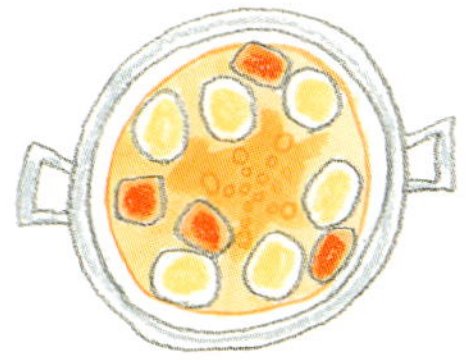

●真ん中あたりがふつふつと煮えている
●材料がゆれるていど。おどらせない

強火

●火が完全に鍋底に届いている(はみ出すと不経済)
●煮ものの場合は沸騰するまでが強火。そのまま煮つづけることはない

煮もののとき、蓋はした方がよいのですか?

――鍋蓋には、鍋の内部に蒸気や熱をこもらせて、温度を保つ、材料がやわらかくなる前に水分が煮つまるのを防ぐ、火を止めて煮含ませるときの覆いなどの役割があります。

蓋をして煮たいものは、煮るのに時間がかかる穀類、芋類、豆類。味のしみにくい根菜やなす、汁けの少ない魚の煮つけ、含め煮など。また、ゆでものをするための沸かし湯も必ず蓋をしましょう。

蓋をしないものは材料のもつ色をあざやかに出したいゆでもの、煮もの、とくに青菜や緑の濃い野菜です(P.124)。また吸いもの用のだし、洋風のスープは蓋をしないでとります。

蓋をしていると、吹きこぼしたり、焦げているのに気づかないという失敗をしがちですから、やむをえず火のそばから離れるときは早めにタイマーをかけます。鍋に対して煮汁が多いときは、蓋をずらして吹きこぼれを予防する方法もあります(半がけ)。

「落とし蓋」はどんなときにしますか? また「きせ蓋」とはなんですか?

――落とし蓋は、鍋の直径より少し小さい蓋を材料の上に直接のせて使うものです。煮立った汁が蓋にあたってもどるので、上からも材料にかかり、少ない煮汁でも全体にまんべんなく味をまわすことができます。煮汁を少なく煮るのは経済的なだけでなく、材料から煮汁にとけ出す成分をなるべく減らし、そのものの味や栄養を生かすためです。

落とし蓋

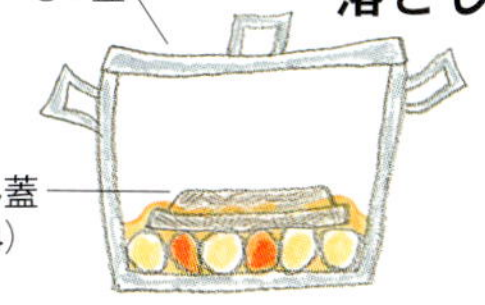

材料の上に直接のせて、煮汁をまんべんなくまわしたり、熱効率を高める

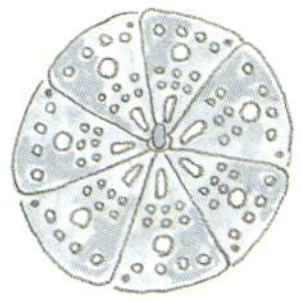

サイズが変わるステンレス製の落とし蓋は万能タイプ

鍋返し

前後上下にゆするように少し勢いをつけて、材料の上下を入れかえる

ほかに、材料が動かないように押さえて煮くずれや浮き上がり(なす、たけのこなど)を防ぐ役割もあります。

落とし蓋には、昔ながらの木蓋、あつかいが楽な樹脂製もありますが、鍋の内径に合わせてサイズを変えられるステンレス製が万能です。和紙やパラフィン紙にところどころ穴をあけて代用することもできます。

煮汁の蒸発を防ぐため、落とし蓋の上にさらにふつうの蓋をして煮ることが多く、この上蓋のことを「きせ蓋」と呼んでいます。

水分が煮つまったり、余ってしまったときは、どうしたらいいですか。

――材料がやわらかくなる前に煮つまってしまいそうなときは、水ではなくお湯をさします。また、ほぼ煮上がったのに煮汁が余りそうなときは、蓋をはずして火を強め、水分をとばすか、材料を引き上げて煮汁だけ煮つめることもできます。

「鍋返し」というのはどのようにすればいいですか?

――煮ものが八分通りできたころに、鍋を前後、上下にゆするように動かし、中の材料を上下に返します。煮汁をいきわたらせて味を平均につけ、焦げつきを防ぐ効果があります。一つひとつの形をきれいに仕上げたいときは、浅い鍋に一並べにして煮込み、菜箸などで、一つずつていねいに返します。

煮もの

からだにいい根菜類をたくさん煮込める肉じゃがや炒りどり、豚大根。
魚の旨みを引き出すみそやしょう油の煮つけ。
一週間の献立に煮ものを上手に組み込むと、毎日がヘルシーに。

肉じゃが

エネルギー 375 kcal
塩分 2.2 g

肉じゃが

肉の旨みがしみ込んだじゃが芋と、玉ねぎの甘みの相乗作用でおいしいおふくろの味。肉は油で炒めないヘルシーレシピです。厚手の鍋で。

■材料（4人分）

牛ロース薄切り肉（または切り落とし）	200g
酒	大さじ1
昆布のつけ汁	カップ1 1/2
（昆布5cm角1枚を30分以上浸す）	
じゃが芋	400g（4〜5個）
玉ねぎ	100g（1/2個）
さやいんげん	100g
しょう油	大さじ3
砂糖	大さじ1
みりん	大さじ2
酒	大さじ1

つくり方

材料の下ごしらえをします

- 牛肉…一口大に切る
- じゃが芋…皮をむいて4つ割り、水に浸す
- 玉ねぎ…縦半分にし、2〜3㎜厚さの薄切り
- さやいんげん…すじをとり、半分に切る

①肉を1枚ずつ広げて鍋に入れてから弱火にかけ、肉が白くなって脂が出てきたら（写真2）箸でほぐして酒大さじ1をふり入れます。昆布のつけ汁をそそいで強火にし、浮いてくるあくをとり除きます（写真4）。

あくをそのままにすると味がおちる……

②玉ねぎと水けをきったじゃが芋を入れたら、調味料はまず砂糖を入れ、砂糖がとけたらみりん、酒、しょう油の順に入れて、鍋の中が静かに動くほどの火加減（中火の弱）で15分煮たあと、いんげんを散らし入れます。

③さやいんげんがやわらかくなったら火を強くして煮汁をとばし、煮汁が少々残るくらいで火を止めます。

調味料を入れる順序……
さ（砂糖）
し（塩）
す（酢）
せ（しょう油）
そ（みそ）
と覚えることも

しょう油味の煮ものをするとき、調味料を何から入れたらよいか迷います。順序にわけがありますか?

――調味料の分量を見当づけるときは、材料の量によってまずしょう油の量を割りだし、しょう油の量から砂糖を見当づけますが、使うときは砂糖から先に入れ、とけてからしょう油を入れます。辛みの方が早く材料にしみ、材料をしめる性質もあるので、甘みの方を先に入れた方が効きがよくなります。しょう油の香りをだいじにしたいときは、煮すぎないよう二度に分けて入れることもあります。

process

肉じゃがのつくり方

1

肉は一枚ずつ重ならないように入れる

2

肉から脂が出てきて、鍋底からくに離れるようになる、そうなるまではいじりません。

3

箸でほぐしたら酒、昆布のつけ汁を入れて強火に

4

あくをていねいにとる
煮汁が「ほどよく煮立っている」状態がとりやすい

5

味つけは砂糖から

6

最後は強火にして煮汁をとばす

エネルギー 273 kcal
塩分 2.2 g

炒りどり

とりのだしをきかせて仕上げます。日保ちがきき常備菜としても、おべんとうにも。

つくり方

● とり肉と野菜の用意をします（下記、写真）

■ **材料**（4～6人分）

とりもも肉（骨なし）	200g
サラダ油	大さじ1
野菜	合わせて約800g
蓮根	200g
人参	200g（中1本）
ごぼう	100g
こんにゃく	200g（1枚）
干ししいたけ	4～6枚（戻して約70g）
さやえんどう	50g
しょう油	大さじ3
砂糖	大さじ1
みりん	大さじ2
酒	大さじ1
塩	小さじ1/2
しいたけの戻し汁	カップ1

＊野菜はほかに里芋、大根、ゆでたけのこ、いんげんなどとり合わせてもおいしい。とりの代わりに豚の三枚肉もよいでしょう。

process

材料の下ごしらえと切り方

1 人参…皮をむき、蓮根より小さめの乱切り
2 こんにゃく…湯飲みの縁（または手）で一口大にちぎり、熱湯に入れて一煮立ちさせてから水にとって洗い、ざるに上げる
3 とりもも肉…脂身をとり除き、一口大に切る
4 蓮根…皮をむき、一口大の乱切りにして、酢水に浸す
5 干ししいたけ…戻して軸をとり、半分にそぎ切り（戻し汁1カップをとりおく）
6 ごぼう…皮をこそげて一口大の乱切りにして、酢水に浸す
7 さやえんどう…すじをとって色よく塩ゆでする

①鍋に油ととり肉を入れて弱火にかけ、ゆっくり炒めます。

②とりの表面がすっかり白くなったら、さやえんどう以外の野菜をすべて加え、強火にして全体を木べらで大きく返し、油をなじませるように炒めます。

③つづいて砂糖を入れ、砂糖がとけたらみりん、酒、しょう油の順に加え、全体を返しながら味をなじませます。さらにしいたけの戻し汁と塩を加え、落とし蓋の上にきせ蓋をして、とちゅう1～2回、鍋返し(P.71)をしながら、中火の弱で30分ほど静かに煮ます。鍋底に煮汁が少々残るくらいで火を止めます。

④さやえんどうを散らして盛りつけます。

＊炒りどりは6～7種の野菜をとり合わせますが、大きさや形をそろえて切るときれいに仕上がります。火の通り具合に合わせて大きさを加減する、色のつよいものは心もち小さめに、といった心配りも忘れずに。

豚大根

大根がおいしい冬場のおかずです。一皿で肉も野菜もたっぷりいただけます。

■材料（4人分）

- 豚肩ロース肉（塊）…………300g
- 大根 ………………………………600g
  - かぶるくらいの米のとぎ汁
- 水 …………………………カップ$1\frac{1}{2}$
- 酒……………………………大さじ3
- しょうが ……………1片（約15g）
- しょう油………………………大さじ3
- 砂糖、みりん…………各大さじ1
- 塩 ……………………………小さじ$\frac{1}{2}$

つくり方

- 豚肉…8～12個に切る
- 大根…皮を厚めにむいて2cm厚さの輪切り
- しょうが…半分はうす切り（残りは盛りつけの際、針しょうがに）

①大根を下ゆでします。

大根がかぶるほどの米のとぎ汁を入れて火にかけ、煮立ってから約10分、大根に串が通るくらいになったら火を止め、そのままおいてあら熱がとれたら、洗い流します。とぎ汁がないときは大根といっしょに米を約大さじ1杯入れます。

……大根は米のとぎ汁で下ゆで

②肉から煮始め、大根を加えて約1時間煮ます。

煮込み鍋に分量の水と酒を入れて火にかけ、40～50℃くらいになったら肉を入れ、浮いてくるあくをとります。薄切りしょうがと大根、調味料を入れ（砂糖、みりん、塩、しょう油の順で）、落とし蓋、きせ蓋（P.71）をして弱火でゆっくり煮ます。火加減は鍋の中心が静かに動くていどです。

……蓋をすると鍋の中は温度が上がります。火加減は鍋の中のようすで

③1時間もすると肉も大根もやわらかくなり、ほどよい味加減になっています。煮汁といっしょに器に盛り、針しょうがをあしらいます。

＊大根は大蔵、三浦、聖護院など、やわらかくて味のよい煮たき用があると、なおよいですね。

ぶり大根

ぶりのあらと大根でつくる「味」「経済」「くりまわし」の三拍子そろった銘菜です。

■材料（4～6人分）

- ぶりのあら ……………………500g
- 大根 …………$\frac{1}{2}$本（500～600g）
  - かぶるぐらいの米のとぎ汁
- 昆布のつけ汁 ………カップ2～3
  - （昆布5cm角2枚分）
- しょう油、砂糖、酒 …各カップ$\frac{1}{4}$
- 塩 ……………………………小さじ$\frac{1}{2}$
- しょうが ………………1片（10g）

つくり方

ぶりのあらを下ごしらえし、かために下ゆでした大根（2cm厚さの半月切り）と昆布のつけ汁、調味料、しょうがの薄切りといっしょに鍋に入れて火にかけます。煮立ったら火を弱め、落とし蓋をして40～50分、煮汁が半量くらいになるまで静かに煮ます。器に盛ってゆずの皮（みじん切り）や針しょうがなどを天盛りします。

process
あらの下ごしらえ

1 ぶつ切りにしたあらを大きめのボウルに入れてシンクにおき、上から熱湯をかぶるくらいになるまでまわし入れる。

2 あらの入った熱いボウルに、こんどは水を少しずつ入れて、手が入るくらいになるまで温度を下げる。

3 あらを一つずつすくい上げて流し水で洗う。

煮豚

うす味ながらじっくり煮た豚のブロックは、焼き豚やハムのようにめんの具や炒めもの、サラダなど、幅広く使います。

エネルギー 172 kcal
塩分 1.9 g

■材料（1単位）
豚肩ロースまたはもも肉 ……（塊）約800g
〈煮汁〉
しょう油、酒 …… 各カップ$\frac{1}{2}$
砂糖 …… 大さじ2
長ねぎ …… $\frac{1}{2}$本
しょうが …… 1片
水 …… カップ4〜5（肉がかぶるくらい）

つくり方

●豚肩ロース…熱湯をくぐらせ霜ふりにする
●しょうが・ねぎ…包丁の背でつぶす

①鍋に煮汁の材料を入れて火にかけ、手引き湯ぐらいの温度（60℃）になったら、霜ふりにした肉を入れ鍋蓋をして、中火でゆっくり煮込みます。

②ときどき上下を返し、煮汁が少なくなったら水を足して、1時間ほど煮込み、肉に竹串がすーっと通るほどにやわらかくなったら火を止めます。鍋の中でそのまま冷めるまでおきます。

＊残った煮汁でこんにゃく、里芋、大根、ゆで卵などを煮ると、主目的はどちらだったかわからなくなるほどのおいしさです。

「霜ふり」と「湯引き」は何が違うのですか。

霜ふり、湯引き、湯通し……の違いは？

——「霜ふり」は、材料の表面を固めて旨みを逃さない、余分な脂を流すなどが目的です。熱をかけている時間はほんの一呼吸ほどです。また、やかんに沸かした湯を、盆ざるにおいた材料の上からまわしかけることもあります。

おさしみの調理法の中に、同じように熱湯に浸けたり、かけたりする場合がありますが、この場合は「湯引き」と区別していいます。この調理法の違いを区別しないで、材料を熱湯にくぐらせたり、かけたりすることを「湯通し」ともいいます。

process

肉の霜ふり

材料がらくに入る大きめの鍋に湯を沸かし、火を止めたと同時に肉を入れ、表面だけが白くなったらとり出す

豚の梅酒煮

豚肉と梅酒のとり合わせを楽しむ煮ものです。

つくり方　鍋に煮汁の材料（しょう油、梅酒各カップ$\frac{1}{4}$／梅酒の梅5〜6粒／かぶるくらいの水約カップ3）を合わせて火にかけ、手引きの熱さ（約60℃）になったら、霜ふりした肉（豚ももまたは肩ロースの塊肉500g）を入れます。蓋をし、とちゅう上下を返しながら中〜弱火で40〜50分煮ます。竹串をさして肉汁が透き通っていたら火を止めます。薄くスライスしてサラダ菜、レタスなどの上に盛りつけ、煮汁を煮つめたソースをかけます。濃いめの味にしたいときはしょう油を$\frac{1}{2}$カップ、梅酒を1カップにし、砂糖を$\frac{1}{2}$カップ加えます。

■材料（4人分）

かれい ………4切れ（約400g）

〈煮汁〉

しょう油 …………大さじ4

砂糖 ……………大さじ1

酒 ………………大さじ4

水 ………………カップ$\frac{2}{3}$

大根 …………………100g

しめじ ………………100g

かれいの煮つけ

かれいの旨みをたっぷり残した煮汁を使って大根としめじのつけ合わせもできる、うれしいレシピです。

つくり方

●かれい…皮目に包丁を入れる

●大根…3～4cm長さの拍子木切り

●しめじ…根元を切り落として小房に分ける

①口の広い浅鍋に調味料と分量の水を入れて火にかけ、煮立ったら魚の表を上にして一並べに入れ（写真1）、蓋をして煮立ったら中火に落とし、ときどき煮汁をかけながら（写真2）、15～20分煮ます。

魚は一並べに入れる……

②魚を器にとり出し、あとの煮汁に1カップほど水を足して火にかけ、大根を入れてほぼやわらかくなったら、しめじを加え、一煮して煮汁とともにそえます。

＊とり合わせるものは、ねぎ、ごぼう、えのきだけ、わかめなどもよく、かたいものはさっと下ゆでしておくとよいでしょう。大根としめじはこの量にとらわれずたっぷりそえてください。

＊かれいのように皮も身もやわらかい魚は、落とし蓋をせず、とちゅうで煮汁をすくってかけながら煮る方がきれいに仕上がります。

process

かれいの煮方

1

煮汁を煮立てて魚を入れる

2

ときどき煮汁をかけながら煮る

きんめだいとごぼう

きんめは濃いめの甘辛味で、こってり煮あげるのがよいようです。ごぼうがなければつくらないと言いたいほど相性よし。

■材料（4人分）

きんめだい切り身……4切れ
ごぼう（大1本）…………120g
　しょう油…………大さじ4
　みりん……………大さじ3
　酒…………………大さじ1
　砂糖………………大さじ1
水 ………………カップ1＋1

＊最初、水1カップでごぼうを煮始め、きんめだいを加えるときに1カップの水を足す。

つくり方

●きんめだい…皮目に斜めに十字の包丁目を入れる

●ごぼう…たわしまたは包丁の背でこすってきれいにし、4～5cm長さに切り、縦半分、太ければ四つ割りにして、酢水（水1ℓに酢大さじ1）にはなす

鍋に調味料と1カップの水を入れて火にかけ、ごぼうを入れて中火で煮ます。ごぼうがやわらかくなったら、残りの水を加えて煮立て、ごぼうを片寄せて、きんめだいの表を上にして並べ入れ、蓋をして中火でときどき煮汁をかけながら5～6分煮ます。

器にごぼうとともに盛りつけ煮汁をかけます。

落とし蓋をしないときは……煮汁をかけながら煮る

生たらこと京がんもの炊き合わせ

生たらこは薄桃色がきれいなスケトウダラの卵。もとは塩たらこと同じですが、こちらは季節限定の早春の味覚です。滋味豊饒な海の幸を煮つけで味わってみましょう。

■材料（4人分）

生たらこ ……………………… 大1はら
京がんも …………… 4個（1個30～40g）
さやえんどう ………………… 10～12枚
〈煮汁〉
　だし ……………………… カップ2
　しょう油、みりん、酒 …… 各大さじ2
　砂糖………… 小さじ1～2（好みで）
　塩 ………………………… 小さじ1/2

つくり方

●生たらこ…塩水で洗い、4～6つに切る

●京がんも…熱湯をかけて油ぬきし、味がしみやすいように竹串で数カ所ついておく

●さやえんどう…すじをとり（P.125）、塩ゆで

①鍋にだしと調味料を入れて火にかけます。

②煮立ったところにたらことがんもを静かに入れ、落とし蓋をして弱火で15～20分煮ます。

器に盛り、さやえんどう（または木の芽）を飾り、煮汁をはります。

●生たらこの生臭さが気になって…。

――生たらこは、皮の下にある赤いすじのように見える血をとり除きますと、生臭みがとれておいしくなります。まな板の上で細い血管から太い方に包丁のみねでしごいて血を寄せ、先をほんの少々切って塩水の中で洗い出します。粒を流さないようにていねいにあつかいましょう。

たらこの切り方

生たらこは包丁の入れ方で形がいろいろに変わる楽しいもの。旨煮のとり合わせやおべんとうのおかずにもどうぞ。

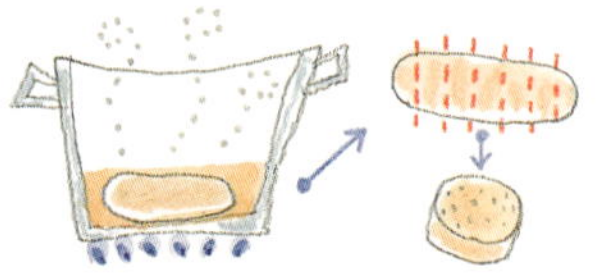

A 丸のまま弱火で煮て1.5cmくらいの厚さの輪切りにする

B 1.5～2cmのぶつ切りにして煮る（くるっと返って花のようになる・写真右）

C 生のうちに縦に1本、切り目を入れて煮る（くるりとひらいて大きな花に）

process

たらこの血ぬき

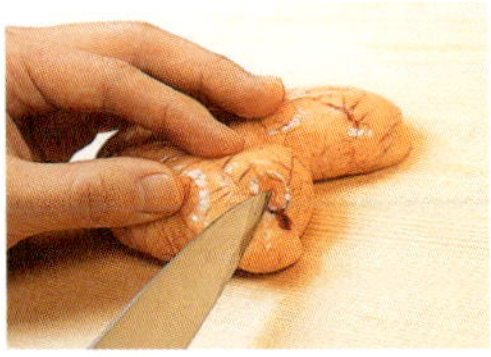

いかの煮つけ

いかのやわらか煮に、ふきの青煮（P.139）をそえました。写真はやりいか。するめいか、ひいか、いいだこなどでも。

■材料（3〜4人分）

いか ……………3ばい(350g)
砂糖 …………………小さじ2
しょう油 ……………大さじ2
みりん ………………大さじ1

つくり方

●いか…わたをぬいて1cm幅の輪切り。足は2〜3つに切る（P.120）

①切ったいかはざるに入れて水をかけ、鍋に移して中火でから炒りすると汁が出て、身がさっとちぢみます。それを網じゃくしですくい上げ、いちどボウルにとり出します。

②鍋に残った汁に調味料を入れ、煮立ったら、いかを戻し入れ、箸でまぜてふたたび煮立ってきたら、また手早くとり出します。

③いかから水が出て汁が増えているので、とろりとするまで弱火で煮つめてから、いかを戻し入れ、煮汁をからませて火を止めます。

いわしの梅干し煮

最初にいわしと梅干しを出合わせた人は天才？と思うほど味のあるくみ合わせ。常備菜としても重宝します。

■材料（4人分）

小いわし ……………500g(10尾)
〈立て塩〉
　塩 …………………大さじ2〜3
　水 ……………………カップ5
しょう油 ……………………大さじ3
砂糖 …………………………大さじ1
酒 ……………………………大さじ3
梅干し ………………………2〜3個
しょうが …………大1片(薄切り)
水 ………………………カップ1½

つくり方

●いわし…うろこをとり、頭を落とし、腹側を斜めに切ってわたをかき出し（P.118）流水で洗い、立て塩（冷水1ℓに塩大さじ2〜3）に10分くらいつけて身をしめ、ざるに並べて水けをきる

＊大きいものは3cmほどの筒切りに。

①鍋に調味料、水、しょうが、梅干しを入れて煮立て、いわしを加えて蓋をし、弱火にかけます。

②とちゅう、汁をかけながら30分ほど煮ます。

＊煮汁の水をカップ2に増やし、小1時間煮ると骨までやわらかく食べられます。

落とし蓋をして煮たらいわしの皮がはがれてしまったのですが。

──銀色に光るいわしの皮目はきれいですが、じっくり煮ている間に多少きずになったとしてもかえっておいしく見えるように思います。たしかに落とし蓋をすると皮がはがれやすいので、煮汁をかけながら煮るのがよいでしょう。

さばのみそ煮

少ない煮汁で下煮をしてからみそを入れ、香りがとばないようにさっと仕上げるのがコツ。くれぐれも〝みそ汁煮〟にならないように…。

さば、いわし、ぼらなど、くせの強い魚はみそ煮がおいしい
肉類では脂肪の多いものを使います

■ **材料**（4人分）

さば …（1切れ約80g）4切れ
長ねぎ …………………2本
〈煮汁〉
しょう油 …………大さじ1
砂糖 ………………大さじ2
酒 …………………大さじ1
水…………………カップ½
しょうがの薄切り …7〜8枚

みそ ………………大さじ3
水…………………カップ¼

さばをいちど下煮してからみそを入れます

つくり方

● ねぎ…2cmほどの幅で大きく斜め切り
● みそ…分量の水でゆるめる

①鍋にしょうがの薄切りと煮汁の調味料を入れて煮立て、さばを皮目を上にして入れ、落し蓋をして中火で煮始めます。

②煮立ったら火を弱めてことこと、とろとろと10分ほど、さばが八分通り煮えたら（さばの身が白くなったら）、落とし蓋をとって長ねぎを加えます。ねぎがしんなりしてきたらゆるめたみそを加え、火を弱めてときどき煮汁をかけてみそ味をなじませながら煮ます。

③さばと長ねぎをとりだして器に盛りつけ、鍋に残った煮汁を少し煮つめてとろっとさせ、さばの上からかけます。

■ **おいしいはずのみそ煮が不評です。生臭くなってしまうのは、なぜでしょうか。**

――最初の煮汁が煮立たないうちに魚や調味料を入れたり、いきなりみそで煮ると生臭くなってしまいますから、必ず酒やしょう油の入った煮汁で下煮をし、火が通ってからみそ味をつけます。みそ煮といっても実はみそばかりでなく、しょう油少々が入って味がよくなります。合わせる野菜はしし唐辛子でもよいでしょう。

process
みそを入れる

ねぎがしんなりしたらゆるめたみそを入れる

■ **魚の煮つけの味が決まりません。「味の基本」があればうれしいのですが…。**

――ぶりやきんめだいならこってり煮たいですし、白身のひらめやたいはあっさり煮つけるとおいしいものですね。とり合わせる材料によっても味つけは変わってきますが、基本の煮汁の割合を覚えるとイメージした味が自在につくれるようになるでしょう。

煮汁を煮立てた中に魚を入れますが、いつまでも強火で煮ていると、煮汁が魚に充分しみないうちに、煮つまって焦げついたり、汁はあっても材料がおどって、くずれたりしますから、火加減の注意も大切です。

＊塩分をひかえめにしたい場合は25%減くらいまででしょう。

煮汁の割合

	魚の重さ	しょう油	砂糖	水分
あっさり煮	（型紙）	魚の3%の塩分	しょう油の⅓	しょう油の5倍
	魚100g	大さじ1	小さじ1	大さじ5（水3＋酒2）
基本の味つけ	（型紙）	魚の3%の塩分	しょう油の⅓	しょう油の4倍
	魚100g	大さじ1	小さじ1	大さじ4（水3＋酒1）
こってり煮	（型紙）	魚の3%の塩分	しょう油と同量	しょう油の3倍
	魚100g	大さじ1	大さじ1	大さじ3（水2＋酒1）

（薄色）＝基本と同じ
（濃色）＝基本と違う

鍋もの

湯気のたつ食卓でにぎやかに食べるのが楽しい鍋料理。
野菜もたんぱく質もたっぷりなのがうれしいですね。

鍋の種類は限りなくありますが、基本は
1 材料を下ごしらえし、食べやすく切って盛り合わせる
2 割りしたを熱くし、材料を入れる
3 火が通ったものから器にとり分け、薬味とともにいただく
というまことに単純な料理です。

あくの強いものやかたいもの、水の出るものなどは、いちど下煮をしておいた方がよいでしょう。材料を大皿にたっぷり、彩りよく盛ると、食欲をそそります。お花をいけるようなつもりで、美しく盛ってください。

割りしたの分量

割りしたの分量は材料のかさの半分（ひたひた）と見当づけます。ととのえた材料が両手にひとすくいあれば、約カップ2杯分ですから、割りしたは、カップ1杯あればよいでしょう。具の種類が多ければ、そのものからもおいしい味が出るので、うす味の汁をたっぷりめに。

ぐらぐら煮立てないこと

鍋は土鍋（ふつうの鍋なら浅鍋）がよく、はげしく煮立てずにじくじくと煮るのがおいしいのです。人数の多い場合は煮汁もどんどん減ってくるので、追加分の割りしたを用意しておくことです。

煮ながらたえず鍋の中を注意し、だし、調味料をそばにおいて適当に加え、材料の味をそこねないようにします。

寄せ鍋

寄せ鍋には決まった具はなく、昆布だしにすまし汁より少し濃いめの割りしたをたっぷり用意して煮始めます。（煮方は上記）

材料の下ごしらえ

- **白身魚**…食べやすい大きさに切って、かるく塩をし、霜ふりする（写真参照）
- **はまぐり**…（砂出しP.122）
- **とり肉**…一口大にそぎ切り
- **豆腐**…縦半分にしてさらに四つに切る
- **白菜**…ざく切り
- **長ねぎ**…斜め切り
- **京菜**…長さを2～3等分
- **しめじ**…石づきをとり、小房に分ける
- **しらたき**…熱湯を通し、食べやすい長さに切る

■材料（4人分）

白身魚（きんめだい、たら）……各2切れ
はまぐり ……8個（約300g）
とり肉 ……200g
豆腐 ……1丁
白菜 ……4～5枚
長ねぎ ……2本
京菜 ……1/2束
しめじ ……1パック（100g）
しらたき ……1玉

割りした

昆布のつけ汁 …カップ4～5
酒 ……大さじ2
みりん ……大さじ1
しょう油 ……大さじ1
塩 ……小さじ2/3

process

材料と割りした（2人分）

魚の霜ふり（きんめだい）

魚をざるに並べて熱湯にさっと通し、表面が白くなったら引き上げる。
（臭みをとり、身をしめる）

湯豆腐

豆腐をだしで温めるだけ、という究極の手間なし料理。大豆の香りと旨みを残したおいしい豆腐で。

つくり方(4人分) 昆布5×10cmを鍋の底に敷き、水をはって15分ほどおきます。昆布の旨みが出たころ、土佐じょう油(しょう油大さじ4と花かつお5g)を入れた器を中央において(写真)、4〜6つに切った豆腐2丁分を入れて火にかけます。昆布からしぜんにだしと塩けが出てきて豆腐がゆらゆらと動き始めたころ小皿にとり、温かい土佐じょう油をかけ、薬味(ねぎ、大根おろし、おろしゆず、七味または一味唐辛子など)をそえていただきます。

牛鍋チゲ風

チゲは韓国の鍋料理の総称。「辛《から》・熱《あつ》・旨《うま》」のパワーで元気がわいてきます。

つくり方(4人分) 牛肉薄切り300gをしょう油、ごま油各大さじ1とにんにくみじん切り小さじ1でよくもんでおきます。鍋にキムチ200gとえのきだけ100g(根を落とす)を並べ、コチュジャン(唐辛子みそ)大さじ1〜2、しょう油大さじ1〜2と昆布のつけ汁カップ3〜4、煮干し6〜8尾(頭、わたをとり、サッと洗う)を少しひかえめに加え、火にかけます。沸騰してきたら火を弱め、ふつふつと10分ほど煮込み、味をととのえ、春菊1束(3〜4cmに切る)、春雨40g(熱湯に浸し、かために戻し、5〜6cmに切る)を加える。

鍋ものに向く材料

季節感を大切に、秋ならきのこの香りを豊富に、春ならせりやたけのこの香りを加えるなど楽しいものです。

魚(きんめだい、たら、えび)
貝(かき、はまぐり)
肉(とり肉、豚肉、ひき肉だんご)
豆腐類(豆腐、焼き豆腐、油揚げ、厚揚げ)
菜類(ねぎ、白菜、春菊、京菜、せり、三つ葉、ゆでほうれん草)
根菜(大根、人参、ささがきごぼう、たけのこ、かぶ、百合根)
きのこ(しいたけ、しめじ、えのきだけ)
その他(葛きり、春雨、焼きもち)

分量(一例・2人分)

動物性のもの 100〜200g
種類が少なければ一つの材料を多く
たい たら 30〜50g
えび 貝類 30g前後
とり肉 30g前後
かまぼこ 30g前後

野菜類 200〜300g
ねぎ 30〜50g
白菜 青菜類 50〜70g
きのこ類 30g前後
しらたき 50g前後
豆腐類 50g前後
根菜類(大根、たけのこ、人参) 50g前後

薬味
大根おろし、刻みねぎ、青じそ、ときがらし、もみのり
もみじおろし
大根(200g)に赤唐辛子(種を除く)をさし込んで、おろします。
赤唐辛子の代わりに七味唐辛子をふってもよいと思います。

たらちり

ちり鍋は魚を主にした鍋のこと。たらのほかにたい、ふぐなどが代表的です。

つくり方(4人分) たら4切れは骨をとって、3、4枚に切り、かるく塩をして霜ふり(P.81)にします。豆腐2丁は2cm角に、白菜は1人分1〜2枚見当をさっとゆで、3cmくらいの長さに、春菊1/2把は洗って半分くらいに切ります。

ポン酢はゆずのしぼり汁にしょう油を同量または半量まぜたものを用意します。鍋に昆布を敷き、水を七分目ほど入れて火にかけ、煮立ってきたら材料を入れます。煮えたものから順に、ポン酢と薬味(上記)をつけながらいただきます。

＊ポン酢はもともと、だいだい、すだち、かぼす、ゆずなどの柑橘類の汁のことですが、しょう油とまぜた「ポン酢しょう油」をさすこともあります。

豆乳鍋

煮ている間にできる湯葉がからんでおいしい!

つくり方(4人分) 豆乳は4〜5カップ用意します。白身魚2切れ、えび4尾、豆腐1丁、えのきだけ1パック、生しいたけ4枚、長ねぎ1本、せり1束は食べやすく切っておきます。鍋に豆乳3カップを入れ、弱火にかけ膜がはってきたら、材料を入れていきます。煮えたところから、しょう油とおろしわさび、またはしょうがでいただきます。とちゅうで豆乳を足します。

すきやき

今夜はすきやき、ときくとなぜか心がはずみます。牛脂のとける香りが鍋の味をつくるので肉屋さんでつけてもらうのを忘れずに。

■材料（5～6人分）

牛ロース肉（すきやき用の厚さ、牛脂も）……500g
長ねぎ……4本
しらたき……1～2玉
焼き豆腐……1丁
生しいたけ……8個
春菊……1束
焼き麩……8個
割りした
　水または昆布のつけ汁……カップ3
　しょう油……カップ$\frac{2}{3}$～1
　酒またはみりん…カップ$\frac{1}{2}$（しょう油の$\frac{1}{2}$）
　砂糖……大さじ4（しょう油の$\frac{1}{3}$）
卵、大根おろし

つくり方

● **長ねぎ**…太いものを斜め切り
● **しらたき**…熱湯を通し、食べやすく切る
● **焼き豆腐**…縦半分に切り、さらに2㎝幅に切る
● **生しいたけ**…軸をとり、飾り包丁を入れる
● **春菊**…かたい部分を切り落とし、半分に切る
● **焼き麩**…水につけて戻し、水けをしぼる
● **割りした**…材料を合わせる

鍋を熱くして牛脂をとかしながら鍋肌になじませ、肉を入れて焼いてから、割りしたを入れます。煮立ったらねぎ、しらたき、生しいたけなどの具を順次入れ、煮えたものからとき卵をくぐらせていただきます。あまり煮立ったら弱火にし、一定の味を保って終わりまで食べられるように気をつけます。

＊とき卵をつけるのは、あつあつに煮えた肉や野菜の温度をほどよく調節してくれるからです。

＊大根おろしもおいしいものです。

process

割りしたを入れる

牛肉の色が変わったら割りしたを入れる

すきやきのとき、つい材料を山のように用意して食べすぎてしまいます。

——1人分の肉の分量は、最高250g、最低70g、平均120gが1人分でしょうか。しかしこれは、肉を主にして食べる若い人、肉と野菜を半々にして食べる中年の人ではその量が違いますので、食べる人の年齢、食欲の違いによって用意すればよいわけです。経済的に家庭でするときは、だいたい1人分80g、5人で400gくらいでしょう。

肉以外の野菜類、豆製品そのほかは、1人あて200～300gと見当づけます。それぞれの好みによってなんなりとそろえてよいのですが、ふつう、あまりあくのつよいものなどは用いません。

煮ているうちに辛くなったり薄くなったりするのはどのように調節すればよいですか。

——割りしたの分量は前掲しましたが、人によって甘みや、辛みの好みがありますから、調味料の割合を何度か試してみて、家族の喜ぶ味を決めておくと、いつも同じ味につくれます。煮ているうちに野菜をたくさん入れるとしぜんに味が薄くなってきますから、割りしたを足し、煮つまってくるようなら水または昆布のつけ汁を足して、なるべくいつも同じ味になるように調節するとよいでしょう。

残り汁にご飯を入れ、こしょうをたっぷりふりかけてもおいしく、冬などはおもちを煮てもよいものです。

おでん

意外にくせの強い練り製品は使わずに、野菜を主力メンバーとするおでん。またすぐつくりたくなる味です。

エネルギー 455 kcal
塩分 4.8 g

■材料（4人分）

だし

水 ………カップ10強（2ℓ）
昆布 …………3×15cm 8枚
削りがつお …………20g

しょう油、酒、砂糖 …………各大さじ4
塩 …………大さじ1

粉がらし …………大さじ1
ぬるま湯大さじ1でとく

具（約2kg分）

大根 …………600g
里芋 …………4個
こんにゃく …………1枚
ゆで卵 …………4個
ほたて貝 …………4個

ふくさ4個分
油揚げ …………2枚
とりひき肉 …………100g
しらたき …………1/2玉
干ししいたけ …………2枚
かんぴょう …60cmくらい
（塩でかるくもみ洗いし、4本に切る）
しょう油 …………大さじ1
みりん …………大さじ1

つくり方

●**結び昆布**…分量の水に昆布を20分くらいつけ、とり出して結ぶ。つけ汁は煮汁用にとっておく
●**大根**…2cm厚さの輪切りにし、皮をむいて片面に十文字の切り目（P.140）を入れる。角を面取りし、水に米大さじ1を加え、透き通るまでゆでる
●**里芋**…縦に皮をむき、3分くらいゆでておく
●**こんにゃく**…塩でもみ、1枚を4等分にして、さらに三角に切り、熱湯で3分ゆでる
●**ゆで卵**…殻をむいておく
●**ほたて貝**…塩水で洗う
●**油揚げ**…2つに切って中を開き、油ぬきする（P.40）
●**ふくさ**…具のひき肉、しらたき（下ゆでして3cmに切る）干ししいたけ（水で戻して薄切り）をしょう油、みりんで炒り煮。油揚げに1/4ずつつめてかんぴょうでしばる
●**煮汁**…昆布のつけ汁を火にかけ、煮立ったら削り節を入れ、一煮立ちしたら火を止める。落ちついたところをこし、調味料を入れる

①浅めの鍋に、大根、こんにゃく、結び昆布、かぶるくらいの煮汁を入れて火にかけ、沸騰したら弱火にして15～20分ほど煮ます。とちゅう、煮つまったらその分煮汁の残りを足します。
②ふくさ、里芋、ゆで卵を加え、さらに15分ほど煮て、最後にほたて貝を入れ、火が通ったら火を止めます。
③ときがらし（P.134）をそえていただきます。

Process こんにゃくの塩もみ

こんにゃくは塩でもみ、味をしみこみやすくする

火加減のこと

煮方の注意はありますか？また、レシピ通りに材料がそろわないときの、味つけ、煮汁の量の目安は……

──鍋は、材料があまり重ならないような大きい浅鍋にし、材料の中でくずれにくいものを下にして順々に並べ、煮汁をひたひたに入れます。

このときのだしの分量をカップで計っておきます。カップ3杯のだしを入れたとすれば、しょう油は大さじ1強、塩を小さじ1、砂糖、酒はしょう油と同量で大さじ1強ずつ加えます。最初は強火にしてもよいのですが、煮立ってきたら火加減を直し、けっして材料がおどらないように注意します。火が強くて材料がおどると、汁が濁ります。

もし煮ている間に汁が煮つまるようでしたら、だしを加えて調節します。

＊**材料はほかに** ●がんもどき ●ちくわ ●さつま揚げ ●焼き豆腐 ●人参 ●ちくわぶ ●はんぺん ●たこ ●じゃが芋 ●八つ頭 ●キャベツ巻き

おでんというと茶めしがつきものですが……

■茶めし（3～4人分）

米 …………カップ2
水 …………480mℓ
塩 …………小さじ2/3
粉茶 …………大さじ1/2

──上記の分量で塩味のご飯を炊き始め、ご飯が吹いてきたときに、蓋をあけて新茶の粉をパッとはなしますと、香りのよいご飯になります。適当な粉茶がない場合には、香りのよい煎茶を包丁で刻んで使ってもよいでしょう。

蒸しもの

材料の味と香りを閉じこめながら、"蒸気で煮る"調理法。
淡白な味のもの、形をくずしたくないものに向きます。

家庭でする蒸しものといえば、茶碗蒸し、魚貝や肉の酒蒸し・酢蒸し、蒸し芋、お赤飯などでしょう。どれにも共通の大切なことといえば、

1 蒸気がしっかり上がってから、材料を入れること。

2 料理によって違う火の加減(蒸気の出加減)、蒸し時間に最大の注意をはらうこと。

3 蒸し時間に合わせて必要充分な量の蒸し水を用意し、燃料にも時間にもむだを出さないこと――などです。

焦げる心配がない蒸しものですが、上手に仕上げる急所はやはり火加減が第一です。蒸気で火を通すわけですから、煮るよりも多少時間のかかる場合もあります。かといって蒸しすぎは禁物で、ことに卵、魚、肉などはおいしくできません。

では、若い方にも人気の「茶碗蒸し」のつくり方を中心に、蒸しどり、蒸し魚などについてご説明しましょう。蒸しものの基本といってもよいものです。

茶碗蒸し

中身はとり肉、しいたけ、三つ葉のみ。こんなシンプルな茶碗蒸しがおいしくてかんたん、人気です。

■材料(4人分)

卵 …… 大2個
だし(カップ2)
　水 …… カップ2強
　昆布 …… 5cm角2枚分
　削りがつお …… 10g
　塩、しょう油、砂糖各小さじ2/3
とり肉 …… 60g
　しょう油、酒 …… 各小さじ1/2
生しいたけ …… 小4～5枚
糸三つ葉 …… 小1株(約15g)

つくり方

- だし…調味料を加えて人肌に冷ましておく
- とり肉…薄くそぎ切りにして、しょう油、酒をからめておく
- 生しいたけ…軸をとって薄くそぎ切り
- 三つ葉…2cmに切る

①とき卵にだしを少しずつ入れてよくまぜ、こします。卵は太めの箸で二の字を書くようにすばやく動かして、あわはなるべく立てず、白身を切るようにときます。

②器にとり肉、生しいたけを入れ、卵液をそそぎます。

③蒸気の上がった蒸し器に入れ、蓋をして4～5分中火、火を弱めて卵の表面が白くなったら、鍋の蓋をずらすか、ようじをはさんですきまを開け、約10分蒸します。

④手早く三つ葉を加え、さらに3分蒸して火を止めます。

エネルギー 73 kcal
塩分 1.4 g

茶碗蒸し・自由自在

何人分でも、どんな器でも、気軽に茶碗蒸しをつくれますか？
卵とだしの割合、卵液と器の関係、蒸し加減の見方など。

1【卵と水（だし）が同量】
卵豆腐。ややかため、箸でつまめるかたさ。

2【卵の2倍の水（牛乳）】
カスタードプリンのやわらかさ。包丁で切ったりしませんが、スプーンですくってちょうどよい。

3【卵の3～4倍の水（だし）】
これが茶碗蒸しの割合です。すまし汁代わりにお茶碗からすすれるやわらかさ。

かつお節の香りが口いっぱいに広がる茶碗蒸しを、いちど自分でつくってみたいと思っていました。おいしくできる分量を教えてください。

——まず、おいしくとっただしを卵と合わせるのですが、この割合がよければ口あたりのよい茶碗蒸しができます。

水分と卵の割合は上の三つの場合を覚えておくと便利です。

卵1個をほぐすと1/3カップほどになりますから、これをだし1カップと合わせれば、茶碗蒸しにちょうどよい割合です。

卵液はどのぐらい必要ですか。

——どんな場合でも見当がつけられるむだのない割り出し方があります。

茶碗蒸しのでき上がりは、だし・卵・たねがぜんぶ入って、器に八分目あればよいのですから、一人分のだしはこれからつくろうとする蒸し茶碗に半分あればよいのです。

……最初にだしの量を決めます

いちど、手持ちの蒸し茶碗がどれだけ入るかきちんと計り、だしと卵の量を割り出して書きとめておくとよいでしょう。

一人分のだしは蒸し茶碗に半分。蒸し茶碗一杯の水（だし）が二人分のだしの量です。

二人分

五人分

家族五人分のだしの量が2カップ半の場合なら、卵は2個半です。少し小ぶりの卵を3個使えばよいということになります。

だしに味をつけて冷まし、卵をよくほぐした中に少しずつまぜ入れて、いちど裏ごし（または万能こし器）を通してこします。このままたねを入れずに蒸せば、幼児やお年寄り、病人にも喜ばれる「卵豆腐」です。

中に入れるたねは、水分を多く含んでいたり下煮してあったりするので、だしにつける味をその分、加減します。茶碗蒸しばかりは、蒸し上がってからでは味の調節ができませんから、注意してととのえましょう。

茶碗蒸しのたねにはどんなものがよいですか。

——惣菜向きにはどんなものでも入れられます。分量はいちどにたくさん入りませんので、色どりを考えて三～五種くらい入れればよいでしょう。写真のものに、ぎんなんやえびを加えると、華やかになります。

植物性のもの
●三つ葉●しいたけ
●たけのこ●人参●百合根
●ぎんなん●栗●麩
●さやもの
●青菜のゆでたものなど

動物性のもの
●白身魚●とり肉
●えび●貝柱
●あなご
●うなぎの蒲焼き
●かまぼこなど

魚肉類は、さっと霜ふりにしたり、あぶってから、しょう油や酒で下味をつけておきます。

生しいたけ、三つ葉などは、生のまま入れますが、栗、ぎんなん、百合根、たけのこ、干ししいたけ、人参、さやもの、青菜はそれぞれゆでたり、うすく下味をつけたりします。魚やとり肉のすりみだんごも、下ゆでしておきます。

蒸し茶碗にたねを入れ、卵液をそそぎ、充分に蒸気の上がった蒸し器に入れます。蒸し水は2カップほどあればよいでしょう。水が多すぎると、さなの上まで吹き上がったりするので、水はさなより2㎝下までにします。蒸し器の大きさにもよりますが、10分ほどの蒸しもののときは、カップ1杯の水があれば充分でしょう。茶碗の蓋はしません（青みは蒸し上がる間際にのせます）。

火加減がむずかしいとききますが、どんな火加減でどのぐらい蒸すのでしょうか？

――はじめの3～4分はやや強火、あとは火を弱めにして7～8分したら、蒸し器の蓋を少しずらして5～6分、蒸します。だいたい20分近くかけるような火加減にすれば、必ずよくできるでしょう。

きっちりと蓋をしたままですと、立ち上がった蒸気の逃げ場がないので、しずくになって茶碗の中に落ち、味を損ねます。

蒸し上がりは、茶碗をそっとゆり動かしてみて、表面の中央が少しゆれるくらいのころに火を止め、蓋の下に乾いた布巾をあて、しばらくおくと、茶碗蒸しの表面がなめらかに、ちょうどよい加減に蒸し上がります。

汁が澄んだらでき上が……り

ようじを茶碗の真ん中にさしてみて、その穴から生の濁った汁が浮き出してこなければよく蒸せています。

もし表面が盛り上がってぶつぶつとすが立っていたら、明らかに蒸しすぎの失敗です。するりとなめらかな、舌ざわりのよいおいしさがなくなっています。火が強すぎてもすが立ちます。

蒸し器の蓋のとり方で注意したいのは、内側に水蒸気がたまっているのをぞんざいにとると中のものに水が入りますから、蓋を立てないように、そのまま横にずらしてとることです。

どんな蒸し器がよいでしょうか。

――家庭では、少なくとも家族人数分の茶碗蒸しの器が一度に入る大きさがあるとよいでしょう。中華せいろは中華鍋に水をはってのせて使います。点心類を蒸してそのまま食卓に出すと見栄えもよいものです。ステンレスの蒸し器は大きな鍋としても使えるので、めん類や青菜をゆでるのに助かります。収納場所が少ない方は、手持ちの鍋にぴったり入るスチームプレート（さな）だけでも充分です。

ステンレス蒸し器

スチームプレート（さな）
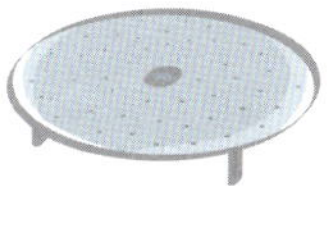

中華せいろ

process

蓋をずらして…

蒸しものの火加減の調節は火を弱めるだけでは足りないときがあります。蓋をずらす、ようじをはさむなどして温度をさげます。

汁が澄んだら

蒸し上がると汁がきれいに澄みます。ほんの少し竹串をさしてみて濁った汁が出てきたらまだもう少し…

蒸しどり

塩と酒をふって蒸す「酒蒸し」は、素材の持ち味が存分に楽しめる調理法です。蒸しどりは季節の野菜をあしらって和えものやサラダに、まためんの具やそぼろ代わりにも。

■蒸しどり材料（1単位）

とり肉（むね、ささみなど）…250g
　酒 ……………………………大さじ3
　塩 ………………小さじ1/2（1%）

つくり方

①とりのむね肉は、縦に包丁で裂き目を4、5本入れ、小さめのバットか皿にのせます。

②酒と塩をまぜて、皿の中のとり肉にふりかけ、10分ほどおいてから蒸気の立った蒸し器に皿のまま入れて強火で20分蒸します。

③中まで蒸せたら冷めるまでそのままおき、料理に合わせて裂いて使います。蒸し皿に残った汁は裂いたとり肉に吸わせます。

蒸しどりのごまソースかけ

ごまソースは多めにつくっておくと、冷しゃぶやスティックサラダなど、なにかと重宝です。

エネルギー 248 kcal
塩分 2.7 g

■蒸しどりのごまソースかけ材料

蒸しどり（むね）…………250g
きゅうり ……………………2本
長ねぎ ………………………1本
〈ごまソース〉
　芝麻醤（練りごま）… 大さじ4
　豆板醤 …………… 大さじ1/2
　砂糖 …………… 大さじ1 1/2
　塩 ………………… 小さじ2/3
　酢 ………………… 大さじ1
　ごま油 ……………… 大さじ1
水 ………… 適宜（約カップ1/2）

つくり方

①ごまソースの材料をまぜ合わせ、水を補って、かたさを調節します。

②細く裂いた蒸しどりの上にせん切りのきゅうりを盛り、ごまソースをかけ、長ねぎをごく細く切り（白髪ねぎP.27）、飾ります。

process

火が強すぎてあばたになってしまいました。火加減がちょうどよくても、うっかり忘れて蒸しすぎれば同じようになります。

卵豆腐

型からはずして包丁で切って使うかたさです。うす葛あんをかけたり、奴豆腐風に冷鉢に盛ったり、また小さく切って椀だねにも。

■材料（4〜6人分）

卵…………………………………3個
だし（P.52）…………… カップ1
塩 …………………… 小さじ1/2
流し箱 …（約2カップ入るもの）

つくり方

具の入らない「茶碗蒸し」の要領でつくります。卵とだしの割合は【卵1、だし1】、色を美しくするためにしょう油は入れないでつくりました。

型は、卵豆腐用のとり出しやすい流し箱を使うか、蒸し器に入れられるバットやおべんとう箱に、クッキングペーパーを敷いて流すこともできます。この場合は蒸し上がったら一度型ごと水の中にとってから、まな板にあけます。

うす葛あん（つくり方P.44とろとろあん）
だしカップ1／うす口しょう油小さじ2／みりん小さじ2/3／片栗粉小さじ1

エネルギー 52 kcal
塩分 0.9 g

冷やして5cm角に切り、うす葛あんをかけました。青ゆず、木の芽、あさつき、わさびなどをそえてどうぞ。

さわらの酒蒸し

蒸すのは一鉢に盛り合わせても、一人前ずつでも。シンプルな調理法ですが、その分、素材を吟味してみるのも楽しいことです。

■材料（2人分）

さわら切り身……………………2切れ（約160g）
（たら、たい、すずきなどでも）
　塩 ……………………………小さじ1/3（1%）
　酒 ……………………………大さじ1
　昆布 …………………………5cm角2枚
しめじ …………………………1/2パック
長ねぎ …………………………1/4本
青菜（春菊または三つ葉） ……………50g
〈もみじおろし〉（P.82）
　大根おろし…………………140g（大根約200g）
　赤唐辛子（または七味唐辛子）……………1本
〈ポン酢〉
　酢、しょう油、だし ………………各大さじ1
　（酢は、ゆずやレモンなど柑橘類のしぼり汁で）

つくり方

- 魚の切り身…うす塩をふり、20〜30分おく
- しめじ…小房に分ける
- 長ねぎ…5㎜厚さの斜め切り
- 青菜…3〜4㎝長さに切る

①だし昆布をかたくしぼった布巾できれいにふき、器に敷きます。昆布の上に魚を皮目を上にしておき、酒をふります。

②しめじ、長ねぎ、春菊を盛りそえて、15分弱、さわらに火が通るまで蒸します。

③もみじおろしとポン酢をそえます。

ちょうどよい器がないときは、さなに直接のせてもよいですか？

——蒸している間に魚からおいしいだし汁が出るので、こういった蒸しもののときは、皿か器に入れて蒸し器に入れます。

中華風茶碗蒸し

大きな器でつくると、おもてなしにも——。

■材料（中華風茶碗蒸し　4〜6人分）

卵……………大3個（1カップ分）
昆布のつけ汁 ………カップ3
（昆布5cm角2枚分を30分以上浸したもの）
豚ひき肉……………………100g
塩 ……………………小さじ1
こしょう
〈仕上げに〉
細ねぎ、しょう油、ごま油

つくり方

卵を割りほぐし、昆布のつけ汁、塩、こしょうを加え、次にひき肉を指でほぐしながら加えます。食卓に出せる鉢（約700ml）に入れて、はじめの5分は強火で、あとは弱火にし15分ほど蒸します。

蒸し上がったら、ねぎ（3〜4mmの小口切り）を散らし、香りづけにしょう油、ごま油（各小さじ1ほど）を全体にふりかけます。

＊青味は切り三つ葉、シャンツァイなどでも

魚の酢蒸し

いわしやさばなどくせのある魚は、酢蒸しにするとさっぱりしておいしいものです。

つくり方　三枚におろしてうす塩（1%の塩で30分以上）をし、酢（魚100gに約大さじ2）に20分浸してから昆布を敷いた器にのせて10〜15分蒸します。おろしゆずをふりかけ、しょうがじょう油をそえます。

貝の酒蒸し

貝の旨みを存分に味わえます。

つくり方　砂を吐かせたあさりやはまぐりをよく洗い、器に入れて酒をふりかけ（殻つき100gに大さじ1）、10分ほど蒸します。大きいものは蒸す前に蝶番を包丁で切り落としておきます。塩加減は貝の持ち味で充分でしょう。蒸しすぎるとかたくなるのでご注意ください。

焼きもの

肉や魚の表面と内部の温度差が大きいのが「焼く」調理の特徴です。
外側はこんがり、中にほどよく火を通すには？

あじの塩焼き

塩焼きはガスレンジについているグリルで焼く方が多いようです。「強火の遠火」のおいしさに近づけるために、焼く前に5分ほど予熱をしてください。

つくり方

●あじ…1尾づけ用の下ごしらえをして、立て塩（約3％の塩水）で洗っておく

①あじはすのこ（網）を敷いたバットか盆ざるに並べ、表にも裏にも塩をふります。蓋をするかラップなどでカバーし、30分ほど冷蔵庫におきます。

魚を焼く前に塩をふるということは、魚の身をしめ、ほどよい塩加減にするためです。塩

■材料

あじ ……………1尾（100g）
塩 …………小さじ1/3〜2/5
大根おろし ………………40g
（大根約60g）

塩の量は材料の1.5〜2％と見当をつけます。
＊塩をする時間は、魚の脂ののり具合、身の厚さによって多少加減しますが、身のやわらかいいわし、さんまなどは塩がしみ込みすぎてはおいしくないので、5〜10分がよく、また身のかたい、たいや小だいは30分くらい前に、あゆは直前に。

かつおのたたき（土佐風）

火であぶったかつおでつくるさしみ。
かつおは脂ののったおいしさが味わえる
皮つきに限ります。

材料（4～5人分）かつお（皮つき、節おろし）1本（約600g）／きゅうり1本／うど1/2本／にんにく1～2片／あさつき1束／大葉8～10枚
〈合わせ酢〉柑橘酢（かぼすなど）大さじ5／米酢大さじ4／しょう油大さじ3

つくり方

●きゅうり、うど…4～5cmの短冊切りにして水にはなし、ざるに上げる
●にんにく…薄切り／あさつき…小口切り

①かつおに金串3～5本を扇状に打ちます。
②ガスの直火（強火）の上にまず皮目からかざし、左右に動かしながら焼き始めます。身の表面だけが白くなるていどに全面を焼きます。
③すぐ氷水にとって冷やし、金串をまわしながらぬき、水けをふいて、厚め（7～8mm）の平づくり（P.114）にします。
④大葉を大皿に敷いてかつおを並べ、合わせ酢をかけ、きゅうり、うど、にんにく、あさつきを散らします。
＊にんにくの苦手な人は、おろししょうが、大根おろしなどもよく合います。
（盛りつけ方などおさしみの項も合わせてご覧ください）

がしみてくると、こんどは魚の水分が出てきます。魚をじかに皿にのせて塩をすると、そのたまった水をふたたび魚の身に吸わせることになるので、魚が生臭くなってしまいます。

ひれや尾にパラリと化粧塩をするとよい

②グリルを温め、魚を焼きます。
グリルに点火し、（天板に水を入れるものは水を張って）5分ほど温めます。こうすると初めから充分に火がまわり、焼きむらもできにくくなります。また、網をよく焼いておくと、魚の身がくっつきにくくなります。魚に水けがついていても同じ結果になりますから、点火したら魚の水けをふきます。

1尾づけの場合、盛りつけたとき表になる方をあとで焼くときれい

温まったグリルで魚の裏側を上にして（上火の場合）、強火で焼きはじめます。焼き加減は、裏側六割、返して四割を目安にします。写真の魚（約100g）は片面焼きグリルで強火で裏4分、表に返して3分焼きました。これは一例ですが、お使いの調理器具に合わせて加減してください。
③焼き上げたら10秒くらいおいてから、網からとるときれいにはなれます。皿に盛って大根おろしをそえます。
＊焼き魚の後口をさっぱりさせるあしらいには、大根おろしのほか輪切りにしたレモンやすだち、かぼす、酢どりしょうが（P.94）などもよいでしょう。季節のもの、料理を引き立てる彩り、味の調和と変化などに心を配ります。

魚の「表」とはどちら側ですか？

——一尾づけの魚は頭を左にして盛りつけます。背びれが上、頭が左になる面が「表」になります。

どうしたら焼けたことがわかりますか？ 焼きすぎかと思えば、つぎは半なま…、いつもびくびくです。

——なかを開けてみないで焼き加減をみるのはむずかしいのですが、竹串を刺して、すーっと通るようならほぼ火が通っています。焼きすぎると身がパサパサになっておいしくないので、串が通ったらすぐ火を止めます。

焼きものは両面をいちどずつ焼く

表裏を何度も返して焼いてしまうと、中の方の水分までなくなってしまいます。適当な水分を含み、表面にはほどよい焦げめをつけるのが急所ですから、焼きものは両面をいちどずつ焼くものと心得ておきましょう。

process

魚に塩をふる

塩は少量なので表裏全体にいきわたるように注意。30分おく

グリルで焼く

先に火を通すのは裏側から

■材料（4人分）

魚の切り身 ………… 4切れ（300g）
　塩 …………………… 約小さじ1
　　（魚の重さの1.5～2％）

粕床
- 酒粕 ……………………… 150g
- みそ ……………………… 60g
- みりん ……………… カップ$\frac{1}{2}$

＊ガーゼ

エネルギー 243 kcal
塩分 2.8 g

魚の粕漬けみそ風味

魚の粕漬けは、新鮮なものを選んで自分で漬けると、案外かんたんな上に味や漬かりぐあいを好みに仕上げられ、やみつきになること請け合いです。さわら、まながつお、たら、銀だら、甘だいなどでどうぞ。

つくり方

●魚…塩をして冷蔵庫で1時間～半日おく
●粕床…材料を合わせてまぜ、なめらかにする

①魚の切り身を粕床に漬けます。
蓋のできる保存容器に、粕床の$\frac{1}{3}$～半量を平らに敷き、ガーゼをおいてその上に水けをふきとった魚をきっちり並べます。魚の上にガーゼをかぶせて残りのみそをおいてならします。ラップをおいて手でならすとよくなじみます。蓋をして冷蔵庫に入れ、4～5日でおいしくいただけるようになります。

しっかり粕床になじませる……

②粕床からとり出し、グリルで焼きます。
ガーゼにはさんであるので洗う必要はありませんが、粕がついてしまったらこそげるか、さっと洗うかした方がよいでしょう。焦げやすいので火加減にはくれぐれも注意してください。部分的にはきつね色に焦げて中はしっとり…、ぐらいに焼ければ上できです。

魚の皮つきのものは身から先に焼く……

甘みがあるので焦げやすい……

酒粕はやわらかいのやかたいのがありますが、どれを使うのでしょうか？　かたいものはなかなかみそとまざりません。

――酒粕は種類によってやわらかさが違います。どれを使ってもよいのですが、「やわらかいおみそ」ぐらいになるようにみりんの量で加減します。みりんが少なければ甘さも減りますが、砂糖で加減してください。みりん大さじ1は砂糖小さじ2と同じ甘さです。

酒粕のやわらかさはいろいろ……

酒粕がかたい場合はフードプロセッサーを使うとらくにまざります。

また、保存がきく酒粕漬けなので塩分はひかえめになっています。その点、みそ漬けと違って1～2週間おいても味が変わらずおいしくいただけるので、くりまわしに重宝します。

冷蔵保存でも味が変わらないのでくり回しに便利……

エネルギー 255 kcal
塩分 2.0 g

とりの照り焼き

とり肉にきつね色の焼き目をつけるといっそう食欲をそそります。ご飯にのせれば〝きじ焼き丼〟、おべんとうにもよいものです。

■材料（5人分）

とり肉（もも肉、むね肉合わせて）……2枚（約450g）
塩……小さじ⅓（0.5%弱）
小麦粉……大さじ2
サラダ油……適宜
〈照り焼きのたれ〉
しょう油……大さじ3
みりん……大さじ2
酒……大さじ1
砂糖……大さじ1
七味唐辛子
〈つけ合わせ〉
赤・緑ピーマン…各1個（約150g）
えのきだけ……1パック（約150g）

つくり方

●とり肉…大きめのそぎ切りにし、塩をする
●えのきだけ…根元を切り落とし、4つに分ける
●ピーマン…縦半分に切り、へたと種を除いて大きめの乱切り
●たれ…調味料を合わせる

①フライパンに油を熱し、えのきだけとピーマンを焼き、とりおきます。
②とり肉に小麦粉をうすくまぶし、野菜を焼いたフライパンに油を足して熱し、とりを両面きつね色に焼いて、いったん器にとり出します。
③フライパンをきれいにし、たれを入れて火にかけ、あわ立ったところにとりを戻し入れてからめます。
④器につけ合わせのピーマンとえのきだけをおき、とりを盛って七味唐辛子をふります。

しょう油… みりん… 酒… 砂糖…
照り焼きのたれは【3 2 1 1】
材料100gにしょう油大さじ1～⅔弱

きじ焼き丼（とりの照り焼き丼）

おいしそうなたれをからめたとりの照り焼きを丼に仕立てます。写真のつけ合わせは塩ゆでオクラですが、青菜、さやえんどう、アスパラガスなどをゆでたり炒めたり、また焼きねぎ、焼きしし唐辛子などもよいですし、もみ海苔を散らしてもよいでしょう。ボリュームがある一品がかんたんにととのいます。

材料（1人分）　ご飯250g／とり肉100～120g／照り焼きのたれ／オクラの塩ゆで3本（へたの先を切り落として半分に切る）／七味唐辛子

＊とり肉は切らずに焼いて、盛りつけのときに切ってもよいでしょう。

process

ぶりの鍋照り焼き

1

ぶりに粉をふる

2

ほどよい焼き色がついたら裏返す

3

あわ立っているたれはどんどん蒸発しているので手早く作業する

エネルギー 316 kcal
塩分 2.8 g

ぶりの照り焼き（鍋照り焼き）

フライパンでできるかんたんおかず。小麦粉をふってしぜんなとろみをつけます。さわら、かじきまぐろ、さけなどでも。

■材料（4人分）

ぶりの切り身	4切れ（1切れ70〜80g）
塩	小さじ¼（約0.5%）
小麦粉	小さじ2
サラダ油	大さじ2〜3

〈照り焼きのたれ〉

しょう油	大さじ3
みりん	大さじ2
酒	大さじ1
砂糖	大さじ1

酢どりしょうが

つくり方

● ぶり…うす塩をして20分ほどおく
● たれ…調味料を合わせておく

① ぶりに小麦粉を薄くつけます。（粉は茶こしを通してうすくふる）
② フライパンにサラダ油を熱し、中火で表になる方から先に焼きます。ほどよい焼き色がついたところで返し、裏側も焼き、いったんとり出します。
③ フライパンをふいてきれいにし、合わせておいたたれを入れて火にかけ、大きく泡立ったところにぶりを入れ、フライパンを前後に動かしながらたれを両面にからめます。
④ 皿に盛りつけ、酢どりしょうがをそえます。

酢どりしょうが

■材料（酢どりしょうが 1単位）

谷中しょうが	8本

〈甘酢〉

酢	大さじ2
砂糖	大さじ1
塩	小さじ½
だし	大さじ2

谷中しょうがは軸を適当な長さ（写真）に切り、汚れなどをこそげとって熱湯にさっと通し、すぐに甘酢に漬けます。

＊ふつうのしょうが（近江しょうが40g）でつくるなら、ごく薄く切って、熱湯にさっと通し、同じ甘酢につけます。

いわしの蒲焼き丼

魚屋さんでおろしてもらえば、あっという間にできるお手軽魚料理。おべんとうにも。

■材料（4人分）

いわし……………………8尾（正味300g）
塩………………小さじ1/3
小麦粉……………大さじ1
サラダ油………大さじ2〜3
〈照り焼きのたれ〉
しょう油………大さじ3
みりん…………大さじ2
酒………………大さじ1
砂糖……………大さじ1
粉ざんしょう…………適宜

エネルギー 281 kcal
塩分 2.2 g

つくり方

手開きにしたいわし（P.118）を、ぶり同様、鍋照り焼きにして、あつあつのご飯にのせます。鍋に残ったたれをさっと煮つめて、いわしの上からかけます。木の芽をそえたり、粉ざんしょうや七味唐辛子をふるのもよいでしょう。丼にせずにいただく場合には、大根おろしをそえます。

*さんまでもおいしいものです。

幽庵焼き

ゆずの香りの調味液に魚を漬けて焼く美味を発見した北村祐庵さんは、江戸時代の茶人でした。その名が転じて幽庵焼きと呼ばれます。

つくり方

材料（4人分）　ぶりの切り身4切れ（300g）／塩小さじ1/4／たれ（ぶりの照り焼きのたれに輪切りのゆず1個分）

照り焼きと同じように塩をしたぶりを、ゆず入りのたれに1時間ほどつけ（写真）、塩焼きの要領で焼きます。八分通り火が通ったところでもういちどたれをからませて、またさっとあぶります。しょう油がついていると焦げやすいので火加減に注意。残ったたれは小鍋に入れてさっと煮立ててあくを除き、盛りつけた魚に少量ずつかけます。

*まながつお、あまだい、いなだなどでも。

process
幽庵焼き

照り焼きのたれ（3・2・1・1）に魚をつけ、輪切りのゆずをのせて1時間ほどおく。とちゅう、魚の上下を返して味と香りを充分にうつす

エネルギー 185 kcal
塩分 1.4 g

豚のしょうが焼き

主菜にもおべんとうにも丼にもなれる万能選手。みりんが入ることで、きれいな焦げ色がつきやすくなります。

■材料（4人分）

豚肉しょうが焼き用 ········ 300g
〈つけ汁〉
- しょう油 ················ 大さじ3
- 酒 ······················ 大さじ2
- みりん ·················· 大さじ1
- しょうが汁 ···大さじ1（親指大）

小麦粉 ···················· 大さじ1
サラダ油 ·················· 大さじ2

つけ合わせ
キャベツ ·················· 3〜4枚
人参 ······························ 30g
大葉 ······················ 7〜8枚

つくり方

●つけ合わせの野菜…せん切りにして水にはなし、水けをきっておく
●つけ汁…しょうがをすりおろし、そのしぼり汁としょう油、酒、みりんを合わせる
●豚肉…すじを切り、つけ汁をまぶして10分おく

①肉の汁けをきって、小麦粉を茶こしを通して薄くつけます。
②フライパンに油を熱し、肉を重ならないように入れ、中火で焼き始めます。肉の色が白く変わってきたら裏も焼き、ほどよい焼き色がついたところで残りのつけ汁をからめて焼きます。
③器につけ合わせの野菜をこんもりとおき、焼き立てを盛ります。

process

肉のすじ切り

くるくるめくれたり、縮まないようにすじを切る

しょうが焼きでもジューシーにできるそうですがうまくいきません。どうしてでしょう。

——まず、考えられるのは、つけ汁に長くつけすぎた場合です。しょう油の塩分のため肉から水分が出て、しまってきますから、つけ汁につけるのは焼く寸前にして、なるべく早く焼きましょう。

豚肉のみそ漬け焼き

時間においしくしてもらう料理といえばこれ。薄切り肉なので早く漬かります。

つくり方

①みそ床の調味料をまぜ合わせ、蓋つきの容器の底に1cm厚さにぬり、ガーゼを敷いて肉を並べ、その上にガーゼをのせて残りのみそ床をぬり2～3日、冷蔵庫におきます。

②肉は、みそ床からガーゼをはがすようにしてとり出し、フライパンを中火にかけて焦げないように焼きます。

*レモンやライムの香りがよく合います。

*厚切り肉を漬けてもよいでしょう。みそ床に肉をつけた状態で冷凍すると、それ以上、塩分が吸収されずに保存され便利です。

■材料（4人分）

豚肉薄切り ………8～10枚
（1枚40g前後）

〈みそ床〉
- 赤みそ ………………200g
- 甘口白みそ …………200g
- 酒 ………………大さじ2
- みりん …………大さじ2

カルビ丼

一つの鍋でできて野菜も肉ものったお得な丼。忙しい日におすすめです。

つくり方

●たれ…調味料と長ねぎ、にんにく、ごまを合わせる

●牛肉…バットに入れてたれとよくまぜ合わせ、5～10分おく

●キャベツ…3cmの色紙切り

●にら…3cm長さに切る

①フライパンにサラダ油大さじ1～2杯を熱し、強火でキャベツを炒め、にらも加えてしんなりしたら、温かいご飯の上に盛ります。

②同じ鍋にサラダ油を足して火にかけ、たれにつけた牛肉を強火で焼き、ご飯にのせた野菜の上に盛りつけます。

■材料（4人分）

ご飯……………………800g
（米約2カップ分）
牛ばら肉（焼き肉用）…300g
キャベツ ………………4枚
にら ……………………1把
サラダ油………大さじ2～3

〈たれ〉
- しょう油 ………大さじ3
- 砂糖 ……………大さじ2
- ごま油 …………大さじ1
- 酒 ………………大さじ1
- 長ねぎ（みじん切り）
  ……………………大さじ4
- にんにく（みじん切り）
  ……………………小さじ2
- 煎りごま（白） …小さじ2

process

薄く焼くコツ

1 卵液を鍋一面に広げたあと、少しでも多く器に戻す！　というつもりで手早く

2 箸をさし込んで持ち上げ、半月の形のまま表側を下にして寝かせ、さっと一枚に広げる

■材料（直径18㎝6枚分）

卵	3個
砂糖	小さじ1
塩	小さじ1/5
サラダ油	大さじ1

薄焼き卵

フライパンの上でさーっと焼き上がる薄焼き卵を、つぎつぎ重ねていくのは楽しいもの。これを糸のように細く刻んだ錦糸卵は、ちらしずしや和えもの、めん料理などを華やかにしてくれます。

つくり方

●卵…よくときほぐして調味料を入れ、さらにまぜてから万能こし器を通してこす

●調理道具…サラダ油を入れる小皿、油ふき布（ガーゼやキッチンペーパーなど）を用意する

油ふきは10㎝角くらいの布が使いやすい

①フライパンまたは卵焼き器を火にかけて熱し、油を入れ、多い分は小皿にあけ、油ふき布で油をふいて、卵液を流し入れます。

温度が低いと厚くなり、油をふきとらないと、焼きむらができる

②卵液を玉じゃくし七分目ほど流し入れ、手早く鍋をかたむけて全体に広げ、よぶんな卵液は器へ返します。

③卵のふちが乾いてきたら、手で端を少しはがし、箸を1本さし込んで持ち上げ、表側を下にして鍋に戻し、全体をさっとあぶり、すぐ盆ざるにとります。

薄焼き卵には焦げ色はつけません

④残りの卵液も同様に焼きます。

1個の卵で約2枚

錦糸卵

薄焼き卵が冷めてから4～7㎝幅に切り、何枚か重ねて小口から刻むと金の糸のようになります。切ったらそのままにしておかずに、箸なり指先でかるくポッポッとほぐしておきます。

薄焼き卵に白身が雲のようにとんでしまいます。

――よくほぐした卵に味をつけてからいちど万能こし器を通しておくと、雲のようになったりはしないでしょう。卵はあわ立てないように、太めの箸で二の字を書くようにほぐします。ホイップではなく白身を切るようなつもりでほぐしてください。

なお、卵はほぐしてから時間がたつと、こしがなくなり、まとまりにくくなるので、調理の直前に割りほぐします。

焼きはじめの温度の見方は？

――鍋が焼けたら、箸の先に卵液をつけてたらし、焼け具合をみます。卵に色がつかず、鍋にくっつかずに動く状態が、よい鍋の温度です。卵にすぐ色がつくようなら、いちど火からおろして熱を少し冷ましてから始めます。

薄焼きのときは、火が強いとブツブツ穴があいたり、しわが寄ります。火が弱すぎると油ぎってべっとりとなり、美しい金糸になりません。

1枚分の卵の量はどのくらいですか？

――焼く鍋の大きさによってかわるので、それぞれで加減してください。多すぎれば厚くなりますし、少なすぎれば鍋全体にまわらず、穴があきます。鍋についただけの薄さの薄焼きができます。これもいちどやってみればすぐわかることです。

直径18㎝の丸型では上手に焼けば、卵1個分で2枚焼けます。和えものに入れたり、魚や青菜を巻いたりするのには、もう少し厚くてもよいでしょう。

厚焼き卵

ほんのり甘いだし巻き卵。調子のよい卵焼き器があれば、けっしてむずかしくありません。樹脂加工のものなら手入れもかんたんです。卵は匂いがうつりやすいものなので、できれば卵焼き専用に使います。

エネルギー 171 kcal
塩分 0.8 g

卵1個の基本の味

- 砂糖小さじ1
- しょう油1～2滴
- 塩ひとつまみ（2本指）
- だし大さじ1

＊酒を加えると旨みが増す

■材料（4人分）

卵……………………………5個
- 砂糖 ………………大さじ1 2/3
- しょう油 ……………小さじ1/2
- 塩 ……………………小さじ1/4
- 酒 ……………………大さじ1
- かつおだし（P.52）……大さじ5

サラダ油………………大さじ1
大根おろし…180g（大根約250g）

つくり方

- **だしと調味料**…まぜ合わせる
- **卵**…器に割り入れ、よくときほぐし、味をつけただしを合わせてまぜ、こす
- **調理道具**…サラダ油を入れる小皿、油ふき布（ガーゼやキッチンペーパーなど）を用意する

①卵焼き器を火にかけ、油を大さじ1杯入れて熱し、よぶんな油は小皿に返し、油ふき布でふいて鍋肌に油をよくなじませます（写真）。

②卵を焼き始めます。

一回に流し入れる卵液の量は、卵1個分ほど、卵5個なら4～5回に分けます。熱した卵焼き器に1回目の卵を流します。

(1)一面に広げた卵液をさっとかきまぜます。

(2)全体がふわふわっとやわらかいうちに、卵焼き器の向こう端を少し持ち上げて、卵を巻くような箸使いで手前に寄せ（写真3）、空いたところを布でふいて卵を奥へ戻します。

(3)こんどは手前の空いたところを布でふいて、2回目の卵液を流し込み、向こう側に寄せた卵を箸で持ち上げ、卵液を全体に広げます。

③卵液がなくなるまで、先に焼いた卵を芯にして新しい卵液を加えて焼き、全体にほどよい焼き色をつけて仕上げます。まな板にとって切り、大根おろしをそえて盛ります。

卵焼きの焦げ色をうすくしたいのですが…

鍋の温度の確認は音もよく聞いて……——卵焼き器は卵汁を入れたときにかすかにジュッと音がするぐらいに温めて始めます。火加減は強すぎると焦げるばかりでなく、ふくれ上がってうまく焼けないのですが、弱すぎてもおいしくできないので、中火より少し弱めにして、じっくりていねいに焼きます。

しょう油は多い方がご飯のおかずにはよいのですが、色が黒ずむのでほんの少々にします。

process
厚焼き卵の焼き方

1
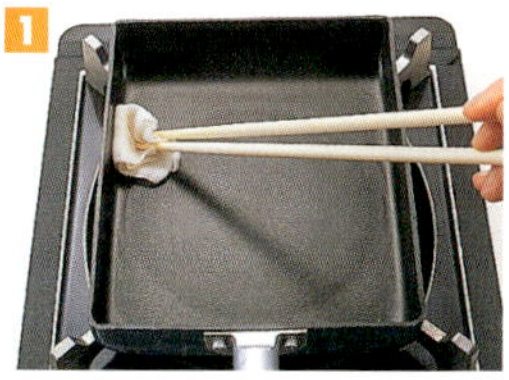
鍋肌全体に油をなじませる。隅と側面も忘れずに

2

1回目の卵液を流し入れてさっとまぜる

3

全体がやわらかいうちに、巻くようにして卵を手前に寄せる

4

卵を動かすたびに鍋肌を油ふき布でふく

5
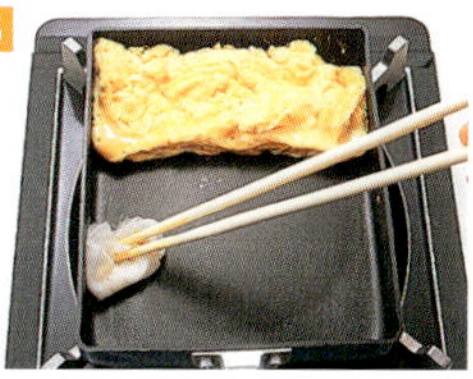
手前に寄せた卵を向う側へもどし、手前を油ふき布でふく

6

2回目の卵液を流し入れ、巻いた卵を持ち上げて全体にまわす

厚焼き卵（おべんとう向き）

加えるだしを少なめにした、ふだんの卵焼き。卵3個分なので短い時間で焼き上がります。

■材料（4人分）

卵 ……………………………………3個
砂糖 ……………………………大さじ1
しょう油（うす口）………………大さじ$1\frac{1}{2}$
かつおだし（または酒）………大さじ$1\frac{1}{2}$
三つ葉（または糸三つ葉）…$\frac{1}{3}$把（約15g）
サラダ油 ………………………大さじ1

つくり方

ボウルに卵を割りほぐし、調味料と三つ葉（1cm長さ）を加えてまぜます。卵焼き器を熱して、多めの油を入れて熱くし、油ふき布でふいてよく油をなじませます。最初に卵液の$\frac{1}{3}$量を流し入れ、厚焼き卵と同じ要領で焼きます。

炒り卵

三色ご飯（P.35）にのっているのがこれです。おべんとうや朝食の一品にもなれば、和えもの煮もののトッピングとしても活躍します。

■材料（4人分）

卵…………………4個
砂糖…………小さじ4
塩 …………小さじ$\frac{1}{3}$
酒……………小さじ2

エネルギー 106 kcal
塩分 0.8 g

つくり方

①卵をボウルに割り入れ、調味料を加えてあわ立てないようによくまぜます（太めの箸で二の字を書くようにまぜる）。
②厚手の小鍋に卵液を入れて中火にかけ、箸を4、5本持って底からかきまぜます。底の方が少しかたまりかけてきたら火を弱め、細かくかき立てるようにして炒り、半熟ていどの、もう少しというところで火からおろします。

＊ちょうどよいところまで火の上でまぜていると、器に移したときには火が通りすぎてかたくなってしまいます。

炒り卵がどうもうまくできません。焦げついたり、かたまったり——。

強火は禁物……
——炒り卵はかんたんそうに見えても炒り加減のむずかしいものです。厚手で底に丸みのある片手鍋がつくりやすく、また、汚れているところからよけい焦げついてきます。

鍋底を冷やしながら炒ると焦げつかない……
火加減もガスの弱火には限度がありますから、もし、まだ強すぎるようなら、水を入れたボウルかぬれ布巾をそばにおいて、鍋底をときどき冷やしながら炒ると、きれいに仕上がります。

おかゆにはしっとりさせて……
＊温かいおかゆにそえるときは、しょう油味もよいものです。このときはぽろぽろにしない方が食べやすいので、卵の$\frac{1}{3}$量の水（またはだし）を加えるとよいでしょう。

和えものなどの彩りに……
＊砂糖を入れずに塩味だけにして和えものに入れたり、酢のものや煮ものにふりかけて彩りに使うときは、白身を1個分くらいぬいて炒りますと、色がもっとよくなります。

揚げもの

ありあわせの材料も、さっとごちそうに変身させるのが
揚げる調理のすばらしさ。
決めては、温まりやすく冷めやすい油の温度のコントロールです。

てんぷら

粉、卵、水だけのシンプルな衣をうすくつけ、素材の味を封じ込めるように揚げます。上手になると旬の新鮮な魚介、野菜をこの上なくおいしく味わうことができます。さっそくてんぷらを揚げてみましょう。

次ページの「てんぷらに向く材料」の中から4人分を選んでみました。野菜の中で、水分の多い、大根、かぶ、白菜のようなもの以外は、なんでも揚げることができます。とくに緑黄色野菜に油を使うことは、栄養価の働きを有効にするためにもよい調理といえましょう。

■ 材料(たね)(4人分)

魚介類(1人分100〜120g見当)
- えび……8尾
- いか……8切れ
- めごち……8尾

野菜(1人分200g見当)
- 蓮根……120g
- しし唐辛子……12〜16本
- さつま芋……120g
- 生しいたけ……8個
- なす……1個

かき揚げ(各4個)
- 三つ葉……30g
- 小えび……70g
- 人参……60g
- ごぼう……60g

〈衣〉(1単位)
- 小麦粉……カップ1(100g)
- 卵1個+水……カップ1

〈てんつゆ〉(4人分)
- しょう油……カップ1/4
- みりん……カップ1/4
- だし(カップ1)
  - 昆布……5cm角1枚
  - 削りがつお……3g

大根おろし…200g(大根約300g)
……1人分 50gくらい

てんぷら手順

①てんつゆ
大根おろし
薬味
を用意
②たねの下ごしらえ
③揚げ油を用意する
④衣をつくる
⑤野菜から揚げ始める
慣れないうちは書き出しておくと便利です

てんつゆの割合

しょう油	1
みりん	1
だし	4

基本の衣

たね400～500gに対して
小麦粉　カップ1（100g）
卵1個＋水　カップ1

てんぷらは手順が決めて

てんぷらは、揚げ立てを食べるところにおいしさがあります。揚げ始める前にてんつゆやおろしの用意をすっかりすませておきましょう。

おいしい1対1対4のてんつゆ

てんつゆは、1人分大さじ5杯あればよく、4人分でカップ1杯半用意します。

つくり方　だし、しょう油、みりんの割合は上記の通りです。めんつゆと同じつくり方ですが、だしをとり、分量のしょう油とみりんを入れていちど熱くします。大根おろしを多めに使うときは濃いめ（1対1対3）にします。たねが新鮮なときはみりんを減らして甘みをひかえ、夏はしょう油を少なく、塩を加えて薄色にします。だしをとらずにつくる場合　だしの準備がない場合などは、水、削りがつお、しょう油、みりんをぜんぶいちどに鍋に入れてわかしてから、あとでこしてつくることもあります。分量は左ページの表をご覧ください。

大根おろし

揚げ立てのてんぷらには、てんつゆをつけやすくするのと、温度を調節する意味で、たっぷり大根おろしをそえます。1人分50gくらいは入用でしょう。

てんぷらは、かならずてんつゆをつけて食べるものとはかぎりません。揚げ立てに、塩をつけていただくのも、たいそう味わいのあるものです。

process

衣の材料

【粉】1カップ ＋【卵＋水】1カップ

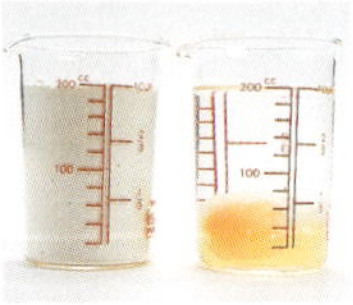

グルテンのまったくない片栗粉を少量（薄力粉80g片栗粉20gくらい）加えると、時間がたってもベタッとしにくい。冷凍庫で冷やした粉と氷水を使うとぐあいがよい

時間がたつとねばりが……出てかるく揚がらない

えびに衣をつける

おいしさを包み込む衣

衣は、たねの含んでいる汁けと旨みが油に流れ出るのを防ぐと同時に、たねに油がしみ込むのを防ぎます。水分が蒸発して香ばしくカリッとした口あたりがおいしさを引き立てます。

厚すぎず、薄すぎずのほどよい加減でたねの表面をすっかりおおうこと。

衣のつくり方　ボウルに卵を割り入れて、太めの箸でよくほぐしてから冷たい水を入れてまぜます。この中にふるった粉を入れ、箸で一の字を書くようにしてかるくまぜます。粉の粒が少しくらいあってもかまいません。けっしてぐるぐるかきまわしたり、練ったりしないように。

色のよいえびなどは、粉を少々ひかえてえびの美しさが透き通って見えるくらいの薄い衣がよいでしょう。

濃いめの衣がほしいときは、これに粉を少量ふり足して使います。根菜類の精進揚げ、かき揚げのときは濃いめにして、塩を一つまみ加えます。

たくさんの揚げものをするときにも、衣は基本の分量を1単位として何度もつくります。

衣のつけ方　えびは尾を持って、頭の方から衣の入ったボウルに入れ、すぐに引き上げると、衣が流れてしぜんに全体にゆきわたり、よぶんはポタポタたれて、ちょうどよくなります。

いかを揚げる場合は、水分をとるために、粉か片栗粉をまぶしてから衣をつけます。

野菜は、色合いや形の美しさも出したいので衣をぜんぶにつけず、裏側だけ、半分だけ、先だけなどにつけるときれいに見えます。

てんぷらのたね　下ごしらえ

小魚類…きす、めごち、あじ、いわしなどのようなものは、うろこをとって背開きにし、薄腹をすきとります（P.119）。
きす、小あじは三枚おろしの要領で、中骨にそって両側を尾のつけ根までおろし、尾を2枚にそぎ、両身に尾をつけます。

あなご…開いたものを、1切れ50g見当に切って使います。

いか…揚げるときにはねないよう、皮をていねいにむきましょう（P.120）。

えび…頭、殻、足を除いて背わたをとり、尾の水ぬきをします（P.121参照）。

蓮根…7mm厚さの輪切りにし、酢水にしばらくつけてあくぬきし、薄めの衣をつけて揚げます。

いかの切り方

幅は約3cm、長さは5～6cmに。周囲に切れ目を入れます。いかは横の繊維がつよいので、横が短くなる方向で。かき揚げのときは1～2cm角に切ります。

人参、ごぼう…4～6cm長さのせん切り。水に放し、しっかり水けをふきとります。

グリーンアスパラガス…根元のかたい部分は切り落とし、穂先から7～8cmに切り、生のまま薄い衣をつけて揚げます。

なす…揚げる直前に縦四つ割りに包丁し、切り口だけに衣をつけて揚げます。茶せんや扇に切り込みを入れて揚げてもよいでしょう。油の中であくがぬけるので水につける必要はありません。

玉ねぎ…縦二つ切りにし、横1cm厚さの半月に切り、竹串かようじをさし、小麦粉をふりかけて、衣をつけて揚げます。

生しいたけ…石づきをとり、裏側にだけ衣をつけ、衣のついた方を下にして油に入れ、箸でおさえながら揚げます。

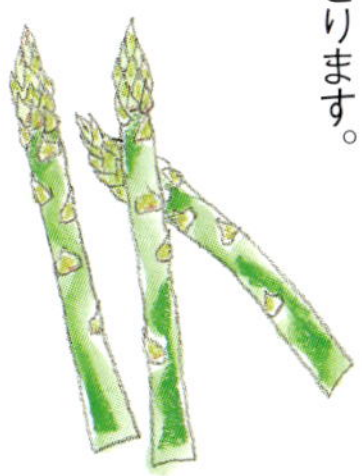

さつま芋…皮のきれいなものは皮つきのまま、揚げるまぎわに7～8mm厚さの輪切りにし、しばらく水にさらします。

ピーマン…1cmの輪切りにし、種を除き、衣を全体につけて揚げます。

しし唐辛子…縦に1本包丁目を入れ、衣は片側だけにつけます。

三つ葉…2～3本束ね、かるく輪に結び、薄めの衣をつけます。

春菊・大根の芯に近い葉…短くてやわらかな部分をとり、薄めの衣をつけます。

山菜…ふきのとう、たらの芽、うど、こごみなど、薄めの衣をつけます。

てんぷら覚え書き

●てんぷらに向く魚

●えび ●いか ●貝柱 ●あなご
●きす ●めごち ●白魚（春） ●はぜ

●精進揚げに向く野菜

●しし唐辛子 ●ピーマン
●グリーンアスパラガス
●さやいんげん ●さやえんどう
●青菜類 ●三つ葉 ●春菊
●大根の葉 ●しその葉 ●パセリ
●菊の葉（秋） ●柿の若葉 ●山菜
●つわぶき ●芋 ●蓮根 ●人参
●ごぼう ●さつま芋 ●生しいたけ
●ぎんなん ●かぼちゃ ●なす
●長ねぎ ●玉ねぎ ●のり
●穂じそ ●新しょうが

●1人分の分量の目安

●魚介類 … 100～120g
●野菜 …… 200g

●てんつゆの割合と4人分の量

■だしと調味料の割合

しょう油	みりん	だし
1	1	3～4

4人分のてんつゆ

しょう油	みりん	だし
50ml	50ml	200ml

■だしをとらずにつくる場合

水………………カップ1
かつお節…………3～5g
しょう油……カップ1/4
みりん………カップ1/4

■大根おろし

1人分…50g
4人分…200g（大根300g）

●衣（1単位　たね400～500g分）

■基本の衣

小麦粉………カップ1（100g）
卵1個＋水……………カップ1

■かき揚げ専用の衣

小麦粉 ………………カップ1
（卵1個＋卵黄1個＋水）…カップ1

■精進揚げの衣

基本の衣の水を1%の塩水にする
（卵を使わないこともある）

カラッとかるく…

揚げ方　てんぷらを揚げるときの油の適温は、だいたい170～180℃（衣を一滴落として、鍋底につかないうちに浮き上がる）です。高すぎると材料を入れたとたんに焦げてしまうので、注意します。鍋の端に材料を入れて、箸の先で衣の形をととのえてから、中央に押し出します。

まわりがほぼかたまったら、裏に返し、しばらくしたらもういちど裏返します。最後は盛りつけのとき上になる方を下にして揚げます。

揚げる時間は材料の厚みと水分の含み加減でそれぞれ違いますが、1～3分で、5分以上時間をかけるものはほとんどありません。最後に少し強火にするのが、カラッと揚げるコツですから、一つ引き上げて、すぐ新しいたねを落とすのは禁物。かならず1回ごとにぜんぶ上げ、油温を確認してからつぎを入れます。

揚げものは、温度計（P.106）を確認しながら、常に適温を保つように、こまめに火加減を調節（ガス火を消すこともある）するのがいちばん確実です。たねを引き上げたところで揚げ玉も網じゃくしできれいにすくいとります。

いちどに揚げられる量　片寄せてみて、油の表面の2/3ほどの分量にしておくのがよいでしょう。入れすぎると油の温度が下がって表面にあわが立ってきます。油がぬるくなった証拠です。

油をきる　たねをとりだすときの油の温度が高ければ、油きれがよくなります。油からとり出したらまず網の上におき、油をきってから紙の上におき直します。揚げた材料は重ねておかず、たくさんの場合は斜めに立てかけます。

油の温度が下がらないように、たねは油の中で返す

揚げ時間の目安

しし唐	1分
めごち	1分
えび	1分半
いか	1分半
さつま芋	3分

油の温度の見方

水でといた衣を一滴落としてみて——

200℃以上	すぐに衣の水分が蒸発するので、下に沈まない
170～180℃	鍋の底につかないうちに浮き上がってくる（てんぷらの適温）
150～160℃	完全に沈んでからゆっくり浮き上がる
150℃以下	なかなか浮き上がってこない

process

油の2/3まで

油を適温に保つためには、入れすぎは禁物。いちどには油面の半分から2/3くらいまで

■ **材料**（精進揚げ1人分）

さつま芋	……30g
蓮根	…………30g
人参	…………10g
ごぼう	………10g
玉ねぎ	………20g
ピーマン	……15g

精進揚げ（野菜のてんぷら）

魚介のてんぷらの後口として添えたいものです。それぞれ大きく輪切りにして、衣をつけて揚げますが、ときには全部を細いせん切り、またはさいの目切りにしてまぜ、衣と合わせて一すくいずつ揚げると、いろいろの材料がいっしょに食べられて、楽しい精進揚げになります。

精進揚げの衣は、魚介類と違って、1％くらいの塩水（カップ1杯の水に塩小さじ2/5を加えたもの）でときます。さつま芋やピーマン、なすなどは、少し濃いめの衣の方がよいでしょう。

魚介のそえものとしてつくる場合は、とくに色合いや形の美しさも出したいので、全部に衣をつけず、のりやしその葉、菊の葉などは裏側だけ、しし唐のようなものは、先だけに衣をつけると、きれいに見えます。

かき揚げ（細かい材料を数種衣でまとめて揚げる）

かき揚げはあり合わせの材料で気軽につくれます。材料は彩り、味、香り、歯ざわりの調和を考えてとり合わせます（例参照）。

火の通る時間が同じくらいのものをとり合わせないと焦げてしまうので、形をそろえて切ることがだいじです。

衣をつくり、材料を合わせます

小さいボウルに100gくらいの材料を入れ、つくっておいた衣大さじ4～5をできるだけまぜ返さないようにそっととって加え、かるくまぜます。いちどに多くのたねと衣を合わ↖

かき揚げのとり合わせ例

- ごぼうと人参（4～5㎝のせん切り）
- むきえびと三つ葉（3㎝のざく切り）
- 人参（短冊切り）
- ちぎった大根葉
- さつま芋（さいの目切り）
- グリンピース
- 玉ねぎ（薄切り）
- 桜えび
- しらす干し（または白魚）
- 三つ葉（2～3㎝のざく切り）
- 冷凍のスィートコーン
- 小口切りねぎ
- 残り野菜いろいろ（蓮根、さやもの、ごぼう、人参、生しいたけなど）

エネルギー654kcal
塩分 2.1g

てん丼

えび、小魚、かき揚げなどのてん丼もときにはつくりたいものです。

てん丼にする揚げものは、いちどてんつゆにつけてご飯の上にのせますから、衣の美しさにそれほど気を使わなくてもよいでしょう。

てんつゆをつくって温め、揚げたてんぷらをこのてんつゆの中にいちどさっとつけてから、丼に盛った熱いご飯の上にのせます。なおその上から大さじにかるく2杯のてんつゆをかけると、しみ込みぐあいがちょうどよいようです。

■材料（1人分）

- ご飯 ……………200g
- てんぷら
  - えび…………1尾（15g）
  - めごち………1尾（15g）
  - さつま芋…1切れ（15g）
- かき揚げ
  - 玉ねぎ ……………20g
  - さくらえび………干2g
  - 三つ葉 ……………10g
  - 小柱 ………………20g

1人分のてん丼のたれ

- しょう油 ……小さじ2
- みりん ………小さじ2
- だし ………大さじ$2\frac{2}{3}$

てんつゆとてん丼のたれは同じ割合です

かき揚げの衣

てんぷらの衣よりも卵を多めに

- 小麦粉………カップ1
- 全卵1個＋卵黄1個＋水……カップ1

↙せると、まぜる回数が多くなるので、衣がねばってからりと揚がりません。

せん切りの材料は、丸いボウルより長方形の小さなバットなどにそろえて入れ、衣をまぜると、そろったまま油に入れることができ、あつかいやすくて便利です。

揚げ方と油の温度

油の温度はてんぷらより低め、160〜170℃くらい。たねを入れ、衣がかたまりかけたらすぐ裏返します。返すのがおそいと片側だけ厚く衣がつき、からりと揚がりません。浮かび上がったら厚いところを箸でつつくと火の通りが平均化します。1〜2回返してかるくなったら引き上げます。

玉じゃくしでつくるかき揚げ

三つ葉とえびのかき揚げを、こんなふうにつくってご覧ください。

玉じゃくしに、2cmに切った三つ葉を5gほど入れ、むきえび20gをのせ、小麦粉を少々（小さじ1杯くらい）を、ぱらぱらとふりかけます。その上からかき揚げの衣を材料のかさの半分くらい、スプーンですくって流し入れ、箸でかるくまぜます（材料1個分）。かき揚げは、油の真ん中にいきなり落とすとさっと散ってしまうことがありますが、上記のようにすれば具合よくまとまります。

process

玉じゃくしでつくるかき揚げ

油を170℃に熱し、その中にしゃくしの玉を手前に、柄を向こう側にまわして持ち、材料を鍋の端近くに流し入れ、しずかに箸で形をととのえてから、鍋の真ん中に押し出します。

■材料（玉じゃくしでつくるかき揚げ1個分）

- 三つ葉 ……………………5g
- 小えび ……………………20g
- 衣……………………………適宜
- 小麦粉 ……………………小さじ1

「油」を知って上手に揚げる

「てんぷらがおいしく揚がらない」原因には、揚げ方のコツだけでなく、油の使い方や管理の問題もあります。よい状態で使って保存し、またそれをうまく使いまわせば、揚がりぐあいも確実によくなり、油の始末にこまることも減るでしょう。

油にはさまざまな種類があるようですが、揚げものには何を使えばよいですか?

——油には植物性と、動物性がありますが、家庭では植物油が日常的に使われており、原料は、ごま、大豆、とうもろこし、菜種、米、紅花、落花生などがあります。そして精製度合いによって「半精製油」「精製油」「サラダ油」に区分けされます。

「半精製油」は、ごま油やオリーブ油など、原料の風味や特徴を生かしたもの。「精製油」は脱酸や脱臭処理をして、「白絞油」や「てんぷら油」と呼ばれているもの。そして「サラダ油」はいくつかの原料のブレンド。熱に強い、冷やしても濁らずドレッシングやマヨネーズをつくりやすいなど、それぞれの長所が生かされた油になっています。

揚げものには、菜種油、大豆油、綿実油、これらを合わせたサラダ油、そしてごま油などが適しているといわれます。家庭では揚げもの用の油を持つことはむずかしいので、かるく揚がり使いやすいサラダ油を中心に使うとよいでしょう。てんぷらの場合は好みに応じてごま油を加える場合もあります。その好みの傾向も地域差があり、関西ではサラダ油のかるい揚がりぐあいが、関東ではごま油を加えた香ばしくこんがりとした揚がりぐあいが好まれるようです。例えばサラダ油と精製ごま油の割合を7対3ていどで試し、色や香り、揚げる材料によって配合ぐあいを変えてみてもよいでしょう。

油こし器

網じゃくし

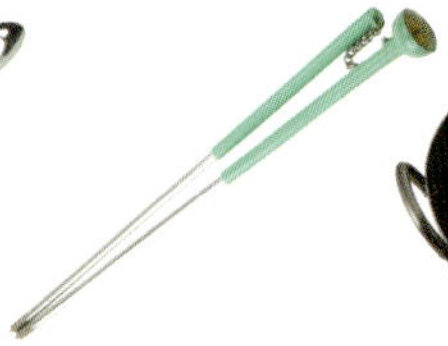

温度計つき揚げ箸

鍋

揚げものをするためには、何か特別な道具が必要ですか?

——さして特別なものはいりませんが、最適なものを使うことで手際よく、上手にできる余地が充分にあります。持つとよいおすすめの道具は、次の通りです。

●**鍋**　揚げものをする場合は、底の丸い中華鍋や片手の柄の長い北京鍋などは安定感がわるく、鍋をひっくり返す可能性もあり危険です。専用の五徳を使うか、底が平らな厚手の両手鍋が理想的です。もちろんフライパンのように浅い鍋も、揚げものには向きません。

●**揚げ箸**　長め（33㎝前後）のものだと安心して作業できますし、温度計がついていればおいしく揚がる温度にもっと敏感になれるはずです。

●**網じゃくし**　揚げものや揚げかすを引き上げます。揚げもの専用があるとよいでしょう。

●**油こし器**　揚げもので使った油を、熱いうち

油の使いまわし例

●きれいな油でてんぷら

⬇

●味つきの揚げもの

⬇

●芋の素揚げ

＊とちゅうで炒めものに使うと捨てる量が減らせる

油が疲れました

温度を上げてもあわが消えず、からりと揚がらなくなったらさし油をします

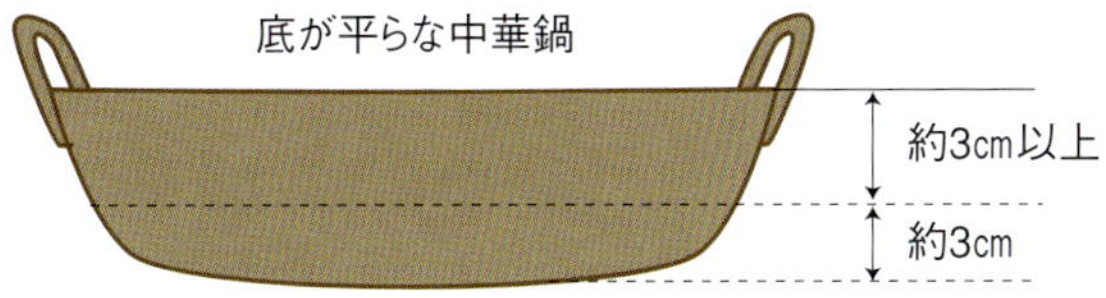

底が平らな直径27㎝の揚げ鍋で、3㎝の深さにするには、約900mlの油が必要でした。

に油こし紙を通してこし入れておきます。光のあたらない場所で保管します。

油を節約しようと少なめで揚げたところ、焦がしてしまいました。油の量は何を目安にしたらよいでしょう?

―油の量は、使う鍋の深さによって異なりますが、少なすぎると温度変化が大きくなる上、材料が底に接してしまうので、焦げやすくなってしまいます。油を入れるときの深さは、材料が浮き上がることのできる3㎝くらいが目安です。慣れていない人は、安全のためにも鍋の深さがその倍以上は必要でしょう。前もって水などで分量を計っておくと、見当がつきやすく便利です。

揚げているうちに油がドロリとして、カラッと揚がらなくなるのはなぜでしょう?

―揚げものをたくさんしているうちに、だんだんと材料の成分がとけ出してきて、油が汚れ、色が濃くなったり、油のきれがわるく、少しとろりとしてきます。そのような状態になったことを、油が「弱った」とか、「疲れた」といいます。こんなときに材料を入れても、けっしてからりとは揚がりません。あらかじめ残しておいた新しい油を加える「さし油」をすると、油が勢いをもり返して、最後まできれいに揚がります。

鍋の中にまだ材料が入っているうちに新しい油を入れると、油の温度が下がってしまいます

疲れた油の見分け方

- いやな臭いがする
- 色が濃くなる
- ねばりが出てくる
- あわが消えにくくなる
- 180℃くらいで煙が出る

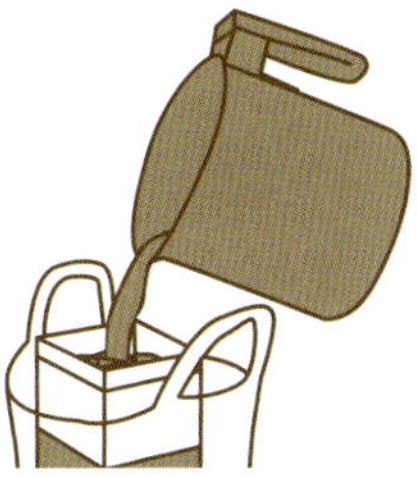

疲れた油の捨て方

新聞紙か古布を入れた牛乳パックに油を注ぎ、ポリ袋に包んで捨てる

から、材料を出し、油の中をからにしておいて、さし油をします。大量に揚げものをするときには、減った分を補うためにも、少なくともとちゅうで一回さし油をすることと覚えておくとよいでしょう。

揚げ油は何回使えますか? また、捨てるときにはどのようにしたらいいのでしょう。

―油の温度を上げすぎたりせず、さし油をしながら使うのと、そうしない場合とでは、油の疲れ方が違います。また、揚げ終えたあとも鍋の底に残った揚げかすをそのままにしておくと、油が劣化しやすいので、使い終わったら熱いうちに油こしを通して、かすは捨てます。また空気にふれることも劣化を早めるので、きちんと蓋のできる容器に入れて保存しておきます。あらたに開栓したら1~2カ月で使いきれる量を求めるのが理想的です。

そうして上手に使った油は、2~3回以上は揚げものに使えます。炒めものなどには、いちど揚げものをした油の方が風味がよいくらいですから、できるだけふだんの炒めもので使いきり、捨てるのは最小限にしたいものです。使いきれない場合は、必要な分だけ新しくさし油をし、ふたたび揚げものに使います。注意深く使っても、容器の底に汚れた油が沈殿したりします。そのような部分は空いた牛乳パックに新聞紙や布を入れ、そこにしみ込ませたり、廃油を固める市販の製品を使って、燃えるごみとして捨てます。

エネルギー 203 kcal
塩分 0.9 g

小あじのから揚げサラダ風

「今日は揚げものに」と思ったら、つけ合わせの野菜、またはもう一品の副菜もいっしょに揚げると手間がはぶけます。それに酢のものやおひたしなど、油を使わない料理をそえて献立に。

■ **材料**（4人分）

豆あじ…………500g（約15尾）
なす……………………1〜2個
赤ピーマン……………1〜2個
緑ピーマン……………1〜2個
　玉ねぎ…………………½個
　セロリ…………………½本
　きゅうり………………1本
　クレソン……1束（5〜6本）
揚げ油
〈たれ〉（合わせておく）
　酢………………大さじ3
　　（レモン汁を含む）
　しょう油………大さじ2
　昆布のつけ汁……大さじ1
　砂糖……………大さじ1
　こしょう…………少々

つくり方

●あじ…えらとわたをとり（左頁）、洗ってから水けをふく

●野菜を用意する
なす、ピーマンは1cm幅の細切り。玉ねぎは薄切り、きゅうりは縦半分にし斜め薄切り、セロリもすじをとり斜め薄切り、冷水にはなし水けをきる。クレソンは葉先をちぎる

①揚げ油を170℃に熱し、なす、ピーマンをさっと揚げます。

②小あじは水けをよくふき、160℃の油に入れて素揚げ。8〜10分かけてカリッと揚げ、①、②ともに合わせておいたたれに直接ジュッとつぎつぎ漬けていきます。

③ボウルに玉ねぎ、セロリ、きゅうり、クレソンを入れ、②をたれごといっしょに和えます。

小あじのから揚げ

■材料（4人分）

小あじ（豆あじでもよい）… 8〜12尾
（500g　下ごしらえをして400g）
塩……………小さじ4/5（魚の1%）
小麦粉をつける場合 ……約大さじ5
揚げ油

つくり方

●えらとわたを出してぜいごをとり、洗ってうす塩をしておく
＊豆あじはぜいごをとらなくてよい

①小あじの身の両面に1㎝おきくらいに切り目を入れます。（写真）

②魚の水けをふきとる（粉をつける場合、小麦粉をうすくまぶしてよぶんな粉をはらい落とす）

③油を160℃に熱し、頭の方から油の中に泳がせるように入れ、とちゅう返しながら、こんがりきつね色になるまで揚げます。

……油に入れて3分ほどで油の音が静かになるが、まだ身はやわらかい。さらに2分ほど揚げると色づいて、カリッとする。

えらとわたをとる

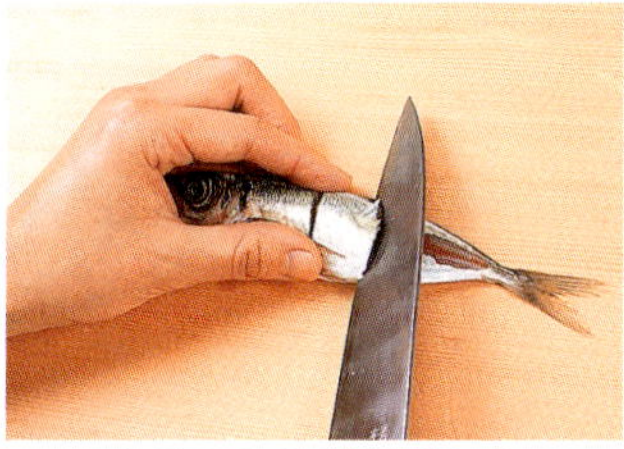

身の両面に切り目を入れる

粉をつけてよぶんをはらい落とす

から揚げ
粉をつけて揚げたもの（上）
素揚げしたもの（下）

うすくつけた小麦粉がプロテクターになって、魚の水分を逃さない。下の写真の素揚げと同じ時間揚げても、ずっとしっとりしている

揚げ時間は同じでも、何もつけないと水分の蒸発が早く、カラッと揚がる。あんかけや骨ごと食べる場合にはぐあいがよい

魚のから揚げについて

魚の身の両面に切り目を入れて揚げると、身がしまってからりと揚がります。魚の大小によって、1〜2㎝おきに包丁を入れます。骨に包丁があたったら、骨にそって5㎜ほどさらに包丁を入れておくと、中骨まで油の熱がよく通ります。表側と裏側の切り目が、互い違いになるようにします。

魚のから揚げには片栗粉か小麦粉をまぶして揚げることもあります。粉は多くつけすぎると、油の中に散って、油が汚れます。魚の表面の水けを吸いとらせることと、皮の色を保護するためと思ってうすくまぶし、よぶんな粉ははらい落としましょう。

衣をつけない材料を油の中に入れると油がわき立つようにあわ立ちます。これは油が煮立つのではなく、水分の蒸発で鍋の中の温度が下がっているのですから、いちどにたくさん入れるとからりと揚がりません。また、あとからあとから材料を入れると、揚がったものと揚がらないものができますし、新しいものを入れるたびに温度が下がって、なかなかよく揚がりません。ぜんぶ揚がったらいちどとり出し、それから、つぎの材料を入れるようにします。

魚のから揚げのときの油は、材料の汁が出て油が汚れますし、揚げ色もつきますから、新しい油でなく、二番油か三番油に少し新しい油を足すていどでよいと思います。

「小あじのから揚げ」応用5種

小あじ、わかさぎ、また切り身魚でも、揚げものにすると香ばしさが加わり、おいしく食べる一つの調理法でしょう。かんたんにレモンや大根おろしをそえるだけでもよいのですが、ソースに味の変化をつけたり、野菜入りにすることで、ボリュームのあるおかずになったり、翌日にもおいしくいただけるようになります。

エネルギー 212 kcal
塩分 1.5 g

小あじのから揚げ

野菜あんかけ

■材料（4人分）

- 小あじのから揚げ ……………… 8〜12尾
- 人参 ……………………………………… 50g
- ゆでたけのこ ………………………… 80g
- 干ししいたけ ………… 3枚（戻して50g）
- 長ねぎ ……………………… 1本（約100g）
- しょうが ……………………………… 1片
- さやえんどう ………………………… 30g
- 〈合わせ調味料〉
  - しょう油、酒、酢、砂糖 ……………………………… 各大さじ1
  - 塩 …………………………… 小さじ$\frac{1}{3}$
  - 水（戻し汁と合わせて）……カップ1 $\frac{1}{2}$
- サラダ油 ………………………… 大さじ2
- 片栗粉 …………………………… 大さじ1（水大さじ3でとく）

つくり方

①ゆでたけのこ、干ししいたけ（戻して）、長ねぎは4cm長さのせん切りにします。
②さやえんどうはすじをとって塩ゆでにし、2〜3つに切っておきます。
③魚を揚げます。（P.109）
④サラダ油を熱し、せん切りしたしょうがを炒めて香りを出し、しいたけ、人参、たけのこを加えて炒めます。野菜がしんなりしたら合わせ調味料を加えて煮ます。
⑤ねぎを加えて味を確かめ、水とき片栗粉をまぜ入れてとろみをつけ、さやえんどうを加えて一まぜします。
⑥魚を器に盛り、野菜あんをかけます。

小あじのから揚げ

甘酢あんかけ

■材料（4人分）

- 小あじのから揚げ ………… 8〜12尾
- 〈甘酢あん〉
  - 酢 ……………………………… 大さじ5
  - しょう油 ……………………… 大さじ5
  - 砂糖 ………………………… 大さじ3〜5
  - 水または昆布のつけ汁 …… 大さじ5
- 片栗粉 ………………………… 小さじ2（大さじ2の水でといて最後に入れる）

つくり方

材料を合わせて火にかけ、とろりとした甘酢あんにして、から揚げの魚にかけます。
＊とろみの片栗粉は水や調味料を合わせた液体$\frac{1}{2}$カップにつき小さじ1杯と覚えておくと便利です。

エネルギー 199 kcal
塩分 2.3 g

小あじのから揚げ

南蛮漬け

■材料（4人分）

- 小あじのから揚げ…8〜12尾
- 長ねぎ……………………1本（または玉ねぎ小1個）
- 人参…………………………30g
- 合わせ酢
  - 酢…………………大さじ3
  - しょう油…………大さじ2
  - 酒…………………大さじ1
  - 砂糖………………大さじ1
- 赤唐辛子………………小1本

つくり方

①長ねぎ（玉ねぎなら二つ割りにして薄切り）と人参はせん切り、赤唐辛子は小口切りにします。
②合わせ酢の調味料を合わせて一煮立ちさせ、冷まします。
③バットに、切ったねぎと人参の半分を敷いておきます。
④あじを揚げ（P.109）、油をきったものから、野菜を敷いたバットに並べ、上に残りのねぎ、人参と赤唐辛子を散らし、合わせ酢をかけます。
⑤魚の上下をかえ、合わせ酢をからませます。
＊これはその日から食べられますが、3〜4日はもちます。

小あじのから揚げ

香りおろしかけ

つくり方

水けをしたんだ大根おろし（P.132）に割り酢をまぜ、ゆず、しょうがのせん切りと合わせて、から揚げにこんもりとかけます。

■材料（4人分）

小あじのから揚げ ………8〜12尾
大根おろし …200g（大根 約300g）
割り酢
　酢 ………………………大さじ5
　みりん …………………大さじ3
　砂糖 ……………………大さじ1
　塩 ………………………小さじ1/2
　しょう油 ………………小さじ1/2
ゆず、しょうが…………各小さじ1

小あじのから揚げ

みどり酢そえ

つくり方

青いきれいなきゅうりに塩をふって板ずりにし、2〜3分してから、両端を切り落とし、すりおろします。大根も同様にすりおろし、水けをしたんで酢、砂糖と合わせ、から揚げしたあじにそえます。

■材料（4人分）

小あじのから揚げ ………8〜12尾
　きゅうり ……………2本（200g）
　大根おろし …………………200g
　　　　　（大根　約300g）
　酢 ……………………………大さじ4
　砂糖 …………………………大さじ2

さばの竜田揚げ

から揚げの中でもしょう油で下味と色をつけ、片栗粉やくず粉をまぶして揚げたものをとくに竜田揚げといいます。このレシピのように先に片栗粉をまぜ込むと、表面が白っぽくなりませんが、好みでどちらの方法でも。豚肉、とり肉でもおいしいですね。

つくり方

●さば…一口大にそぎ切りにし、しょう油、酒としょうが汁をからめて5分ほどおく

①さばに片栗粉を加えてよくまぜます。

②油を170℃くらいに熱してさばを入れ、色よくからりと揚げます。

＊豚肉の場合は、もも薄切り（400g）を1枚ずつにし、しょう油、酒をふり、もみ込みます。

■材料（4〜6人分）

さば（三枚おろしにしたもの）…400g
しょう油 ……………………大さじ2
酒 ……………………………大さじ1
しょうがのしぼり汁………大さじ1/2
片栗粉 ………………………大さじ3
揚げ油

とりのから揚げ

まわりはカリッ、中はあくまでジューシーに。コツははじめ、低めの油でゆっくり揚げること。……油温は約160℃ 1個30～40gのとり肉で4～5分
温度計とタイマーを使って練習すると、早く上手になります。おべんとう用には少し強めに揚げた方が冷めてからおいしいようです。

process

とり肉に下味をつける

肉に下味をつけ、卵、粉をもみ込む

■材料（4人分）

とり肉 ……………… 400～500g
（骨なしもも肉、またはむね肉）
〈下味〉
しょう油 …………… 大さじ2
酒 …………………… 大さじ1
しょうがしぼり汁 … 小さじ2
卵 ………………………… 小1個
片栗粉 ………………… 大さじ2
小麦粉 ………………… 大さじ2
揚げ油

つくり方

●とり肉…大きめのぶつ切り（1人3～4個あて）にし、しょう油、酒としょうがのしぼり汁を合わせ、肉にからませて20分おく

①とり肉にとき卵を加えてもみ込み、つぎに片栗粉と小麦粉をまぜ入れます。

②鍋の大きさにもよりますが、2～3回に分けて揚げるとやりやすいでしょう。160℃くらいの油で、ゆっくりと揚げて中まで火を通します（1個30～40gのとり肉で4～5分）。余熱で火が入るので、一歩手前でとり出す感じです。

③おいしそうなきつね色に揚がったら網にとり出し、よく油をきります。油からとり出すときは、最後は180℃くらいに温度を上げると、からりと揚がります。

＊肉に味がついているので、そのまま食べられますが、粉ざんしょう、さんしょう塩、またはレモンをそえてもよいでしょう。

ねぎ風味　下味をつける際、ねぎのみじん切り大さじ3杯をいっしょにからませ、ねぎつきで揚げるのもおいしいものです。

＊とり肉は、香りも口あたりも違うもも肉、むね肉半々にしてもよく、また火が通るととても少なくなったように見えるので、一人あて100～120gはあってもよいでしょう。

紫玉ねぎの甘酢漬け（写真のつけ合わせ）
玉ねぎ1個を薄切りにして、1%の塩をまぜ、甘酢（酢大さじ3、砂糖大さじ1）につけます。ふつうの玉ねぎでも。

おさしみ

洋包丁でも切り口をシャープに切る方法、
家庭でできる盛りつけの工夫も。

海に囲まれた日本ならではの、魚の活きのよさがそのままに感じられる食べ方。シンプルに切り、つまを少し工夫して盛るだけで食卓の楽しみ方に幅が出ますし、何より新鮮な魚が楽しめます。海鮮丼のように手軽な食べ方があるのもよいところです。

山かけ丼

子どももおとなも大好きな「まぐろ」の山かけをのせた丼です。切って、すりおろして、ハイめし上がれ！

■材料（1人分）

ご飯 ……………200〜250g
まぐろ ……………100g前後
山芋 ………………100g前後
しょう油
わさび、もみのり、長ねぎ
削りがつおなど

つくり方

まぐろのさくを角づくり（P.114）にし、山芋（大和芋、自然薯《じねんじょ》）は皮をむいて、おろし器ですりおろします。ご飯をよそった器に、しょう油につけたまぐろをこんもりと盛りつけ、おろした芋をかけます。もみのりや刻んだねぎをふり、しょう油をかけていただきます（わさびじょう油でも）。真ん中にうずらの卵をのせると、彩りも口あたりもさらによくなります。

海鮮丼

好みの魚介を丼にのせて。休日のご飯から、ちょっとしたおもてなしにもなります。平たい皿に盛るときには、ご飯の真ん中を少しくぼませるくらいにすると盛りつけやすくなります。

■材料（1人分）

ご飯…………200〜250g（酢めしでも）
まぐろ ……………………………（平造り）
たい ……………………………（松皮造り）
あじ ……………………………（鹿の子造り）
かつおのたたき ……………（八重造り）
いくら
（さしみは一切れ10gくらい。計100g）
つま（わさび、しょうが、大葉、みょうが、
ねぎ、サラダ大根：皮の紅い大根）

つくり方

魚のとり合わせは季節や彩りを考えて、3〜5種ほどを食べやすく切り（切り方P.114）、盛りつけます。つま（P.115）はさしみを引き立てるような色使いで選びます。ご飯に刻んだ梅肉と大葉、すりごまをまぜ込んでも、おいしく、手軽です。

さしみのつくり方

■平造り（まぐろの場合）
さしみの基本は平造り。小口から8㎜〜1㎝の厚さに、下の切り方要領で一気に引き切る。切ったら写真のように少しずらしながら重ねておく。ずらしすぎないように注意を。

■松皮造り（写真なし）
皮目の美しいたいを湯引きしたもの。節おろしにし、きれいな布巾をかけ熱湯をそそいで、すぐに氷水につけて冷やし水けをふく。熱を通すことで皮を食べやすくし、皮下の旨みをいただく。皮を湯引きすると「皮霜」、焼きつけると「焼霜」という

■角造り（まぐろの場合）
さくどりにしたものを細長く切り、これをさいの目に切って、こんもりときれいに盛りつける。さしみでは主にまぐろで。かつおの角煮にも使う

■糸造り・たたき（あじの場合）
あじ、きす、さよりなどの小魚を三枚におろし、皮を引いてから刃の先で斜めに細く切る。いかをするといかそうめん用にも。
あじのたたきは、糸づくりにしたものを横向きにし、右から左へひとわたりたたく。歯ごたえのよさを残すために、たたきすぎないよう気をつける

■そぎ造り（たいの場合）
さくどりや節おろし（五枚おろし）にしたものを、身の薄い方を手前にしておく。包丁を斜めに寝かせて切った身に左手をそえながら引き切り。白身や身の薄い魚に使う

■まっすぐに切るには

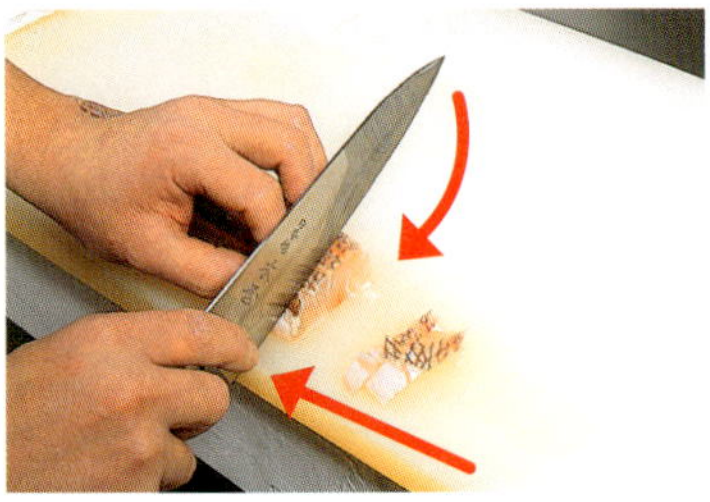

慣れないうちは刃の根元をまな板にあてながら切ると、ぶれずに切れる

上から出刃、柳刃、牛刀

「さしみ」をつくるときに

包丁　本来さしみをつくるときには、幅がせまく細長い柳刃包丁などで切りますが、これはさしみのときにしか使いません。家庭でふだんするときには牛刀で充分でしょう。

さしみをおいしそうに切るコツは、よく切れる包丁で、素早く刃がぶれないよう引き切ることです。すると、切った表面はなめらかで角が立ち、新鮮さが際立ちます。慣れていない場合は、包丁の刃をまな板にあてながら切ると安定します。

切り方　まず、魚のさくをまな板の手前から2〜3㎝ほどのところにおき、包丁を人かけ、またはにぎり（持ちやすい方で。P.26）で握ります。包丁の先端を上げ、刃の根元を魚とまな板の角にあてて、包丁の先端をおろすと同時に、刃先が弧を描くように素早く引きます。包丁の長さをいっぱいに使って魚を切ります。

包丁はよく切れることが第一条件ですが、さしみをつくる直前にあわてて包丁を研ぐことは厳禁です。金気《かなけ》臭さが材料に移って、せっかくの味が台なしになります。

清潔　手づくりのさしみは、清潔にあつかうということがなにより大切なことですから、まな板もきれいにしておきます。また素人は魚をあつかうのに時間がかかりますので、冷たい水をボウルに入れて、ときどき手を冷やしながらするとよいでしょう。

つまの種類と切り方

■つまの種類
（左上から）・いかり防風《ぼうふう》（浜防風の茎を裂いたもの）・せん切りかぼちゃ（黒皮かぼちゃ）・白髪大根・わさび・芽甘草《めかんぞう》
大葉（しそ）・花穂じそ・水玉きゅうり・よりきゅうり・より人参・よりうど
みょうがたけ・紅たで・青芽・紫芽《むらめ》・唐草大根（大根の葉茎）・みょうが・かもめねぎ

■水玉きゅうり
外皮を一周半ほど切り離さずかつらむきにし、2㎜の小口切りに

■より人参・よりうど
かつらむきにしたものを広げ、斜めに切って箸に巻き、くせをつける

■みょうが
縦半分に切り、斜めに3〜4本切り目を入れ、縦に薄切りにする

■白髪大根
かつらむき（P.27）にし、ごく細くせん切りに

■唐草大根
長さ12〜13㎝の大根の葉茎に、等間隔で斜めに切り目を入れ、縦半分に切る

■かもめねぎ
万能ねぎの片側に縦一本包丁を入れ、切り目を横にして約5㎜幅に斜め切り。水にはなすとかもめの形に

つまの種類　盛りつけにはかならず新鮮な野菜をそえ、美しい、いきいきとした感じを出したいものです。このつまがあって、さしみの味はいっそう引き立ちますし、魚介と野菜をいっしょに食べるという点からも、よく考えられた食べ方です。

色合いの点でも、赤身のまぐろに真っ白な白髪大根、白身のひらめには紫芽《むらめ》や青芽をといったように、色と香りを自由に使い分けて、美しい絵を描くように盛り合わせられるとほんとうに楽しく、料理をすることの喜びを感じます。

手順　魚は、つまを準備してから切るようにします。少しでも鮮度のよいさしみを食べるために大切なことです。切ったつまは水にはなすと形が決まり、あくがぬけ、みずみずしさを保てます。

わさび　さしみに欠かせないわさびは、葉つきのところがいちばんよい香りと味がします。葉をつけ根から、鉛筆を削るように斜めに切り落とし、外皮を包丁で削ります。細かいおろし金で「の」の字を書くように、同じ速さでていねいにおろすと、香りよくおろせます。

さしみの盛り方

しめさばの八重造り

■材料

さば
塩（魚400gに対し）…大さじ2強
酢（酢洗いと酢じめ用に魚がひたひたにつかる量）

しめさば

生臭さをとり、おいしくいただくためにはきちんと塩でしめるのがポイントです。

つくり方 新鮮なさばを求めて、三枚におろし（P.118）、骨ぬきで小骨をぬいて、ざるに並べて塩を両面にふりかけます。おろしたさば400gに対して、塩は大さじ2～3杯くらいです。

二時間ほどおき、上塩をさっと洗い流して深めの皿にとり、酢をひたひたにかけて酢洗いします。この酢を捨て、新たにひたひたの酢（酢が強ければ水を2～3割加える）につけます。皮目を上に20分、裏に返して10分ほど、計30分つけると身が白くなるので、引き上げて酢をきります。最後に頭の方から薄皮を引きはがします。しめさばは、切り身の中央中ほどまで包丁目を一本入れる八重造りという切り方（上写真）をします。

■材料

たい …………………（片身）
昆布 …………………… 2枚
塩 …（魚の重さの約1.5％）

たいの昆布じめ

家庭でおすすめの方法です。サラダなどに加え、和風ドレッシングでいただいてもよいでしょう。

つくり方 昆布の表面をかたくしぼった布巾でふき、たいをそぎ切りしてその上に並べます。たいの上にパラパラと塩（重さの1・5％くらい）をふり、もう一枚の昆布を重ね、重しをして冷蔵庫に入れます。片身をしめると半日ほどかかりますが、このやり方だと1時間ほどでき上がります。

塩じめのポイント

殺菌の効果もあるため、塩の量、しめる時間は正確に。塩の分量は魚の重さあたり、さば7～8％、あじ3～4％に。しめる時間は、さばは最低2時間、あじは30分前後必要です。夏は冷蔵庫の中におきます。

盛りつけ方

さしみは、山水の趣を盛るなどといって、白髪大根などを山に見立て、波形にした魚を手前におき、そのほかのつまや、辛味を景色にあしらう心づもりの盛り方をします。家庭では料理全体の調子を見ながら、手近にある大根やきゅうりなどで、美しくつまをそえて盛れるとよいと思います。

平造りの場合は、日本料理のしきたりとして、七、五、三、というような奇数で盛りますが、別にこれにとらわれる必要はないと思います。

あじのたたき

たたきにしたあじ（P.114）をこんもりと盛り、ねぎとしょうが、唐草大根、ゆでた芽甘草を飾った

かつおのたたき

かつおのたたき、おろししょうが、水玉きゅうりをそえ、ねぎ、よりうど、よりにんじんを散らす。かつおを、せん切りのみょうがたけに立てかけるようにおくと立体感が出る（P.91参照）

大皿盛り

皿に氷と葉らんをのせ、しめさば、たい、かつお、まぐろ、甘えび、ほたて貝柱、あじのたたきを盛った。
つまは奥から白髪大根、花穂じそ、せん切りかぼちゃ、唐草大根、紫芽、いかり防風、わさび、しょうが、ねぎ、芽甘草、水玉きゅうり

■さしみを盛るときには、いちばん奥の「枕」（魚でもつまでもよい）の位置から盛り始める。これを基準に、起伏をつけるように高低のメリハリをだして魚を盛る。左奥から、右手前におくのが基本だが、大皿に盛る場合は、枕を頂点にしてやや高さをつけ、三角形をつくるようにバランスをとると、美しく盛ることができる。つまはさしみのあとに、色彩を見ながらつけ合わせる。

新しい魚で、切り身の角かどをぴんとさせ、新鮮さが感じられるよう心がけることです。

さしみ一食分の見当

昔から「さしみは百匁（375g）3人どり」といわれていましたから、約１００gあれば一食分として充分ですし、形もととのいます。一人一日の魚肉類の目安量も、約１００〜１２０gですから、家庭でのさしみは80〜１００g（卵大2個分）を限度にして考えればよいと思います。しかしもてなしの席など、副菜としてたんぱく源になるものがいくつかつくような場合には、さしみとしては60〜70gくらいでもよいと思います。

三種盛り

まぐろの平造りを中心に、たいの松皮造り、あじ、つまは紫芽、花穂じそ、わさび、しょうが、せん切りかぼちゃ、うるい

自分でできる魚介の下ごしらえ 1

一尾づけのおろし方

●あじ ●いさき ●いしもち ●たい ●たかべ ●めばる ●にじます

下ごしらえ次第で焼く、煮る、揚げた魚が形よく仕上がります。

仕上がり

1 ぜいご（ぜんご）とり

あじは測線部に特有のうろこ“ぜいご”がある
尾から包丁を寝かせて入れ、表面だけを薄くそぎとる。

2 えらのつけ根を切る

左右のえらぶたを開いて、刃先を入れて切る。あごははずさないように。

手開き

●いわし　マリネ、おさしみ用につくるには、皮を引く

指先を使って容易に開けます。包丁を使うより小骨が残りにくく好まれます。

仕上がり

1 うろことり

3%の塩水に魚を入れ、指の腹で魚の表面を逆立てるようにこすりながらうろこを落とす。続いて流水で洗う。

2 頭を落とす

胸びれの下に包丁を入れ、頭を切り落とす。腹を（*尻穴まで長めに）斜めに切りおとし、わたをかき出す。

3 洗う

流水で腹の中をよく洗い、中骨にそって爪をたてて血合いを流す。後から洗うと旨みが流れ出すためここで充分に。

二枚おろし

●いなだ ●きんめだい ●さけ ●さば ●さわら ●たい ●たら ●むつ

煮つけ、みそ煮、みそ漬けなどに。身ばなれのよい魚を選びます。

仕上がり
骨のない上身と中骨つきの身で二枚おろし。

1 頭をおとす

胸びれの下に包丁を入れて切り落とす。
＊大きい魚の頭では、一度中骨まで斜めに包丁を入れ、返して裏側からも切る。頭に三角形に入りこんでいるおいしい背肉を切り落とさないようにする。

2 わたを除く

わたを除いて流し水で洗う。

三枚おろし

●あいなめ ●あじ ●いとより ●いなだ ●いわし ●このしろ ●さば ●すずき ●たい ●たかべ ●とびうお ●にしん

おさしみ、昆布じめ、酢のもの、マリネ、天ぷら、フライなどに

仕上がり
上身2枚と中骨1枚で三枚おろし。

1 背側から開く

二枚おろしにした骨つきの片身は、皮目を上におく。背から中骨まで包丁を入れる。

2 中骨をはずす

向きをかえて皮目を下、頭を右におく。中骨の下に包丁をあてて腹側の身と中骨を切りはなす。

うろことり

ほとんどの魚は家庭にある包丁を使ってうろことりができます。

うろことりの基本

新聞や包装紙を広げた上に魚を置き、包丁の刃で逆立てるように尾から頭の方向にかきとる。背のあたりは刃先で、腹は包丁の根元を使うとよい。ひれのまわりはとくに丁寧に除く。乾いているうろこは除きにくいので魚を水にくぐらせる。
●あいなめ ●あじ ●いしもち ●いとより ●かさご ●かます ●きす ●きんき ●きんめだい ●こい ●このしろ ●さけ ●さより ●すずき ●にじます ●たい ●たかべ ●とびうお ●にしん ●ぼら ●ほっけ ●めじな ●めばる ●ぶり

うろこ引きがあったら

たい、めじなのように身のやわらかい魚は、包丁でこするとくずれる場合があるので、うろこ引きがあるほうが具合よい。

かわをはぐ魚

細かいうろこや、表皮がかたい魚は、うろこをすくうようにとったり、皮ごととり除く場合がある。
●あまだい ●いしがれい ●うまづらはぎ ●かわはぎ ●したびらめ ●ひらめ

うろことりをしない魚

●あゆ ●あんこう ●うぐい（はや） ●かじか ●さわら ●さんま ●ししゃも ●たちうお ●はたはた ●ひげだら ●わかさぎ

ぬめりが多い魚

川魚などのぬめりは、魚の表面に塩をふってこすり洗い流すとよい。臭みも除かれる。 ●あゆ ●いわな ●にじます

新鮮な魚介が手に入りおいしく食べたいと思ったら、下ごしらえも苦になりません。

おどり串

あゆ、あじ、たい、にじます、いさき、いわななど姿よく仕上げます

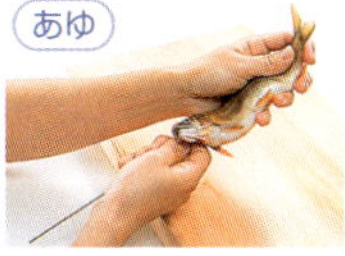

❶金串は、魚の裏側、目の下から入れ、身を2～3度縫うようにして尾の裏に出す。表面からは金串が見えないように。
❷魚が大きければ左右の重さが平均するように、支えの串をもう1本刺す。
・鉄灸にのせて焼く。

背びれとり

（めばる、かつお）

1 包丁目を入れる

背びれの外側にひれ骨の深さまで1～2cm包丁の先を入れ、ひれの長さ分だけ切り目を入れる。

2 背びれを除く

魚を裏返して背びれの外側にもう1本切り目を入れてとり除く。

3 えらをとる

片側のえらぶたから指でえらをぬき出す。

4 わたを出す

盛りつけたとき裏側になる胸びれの下、腹部に3～4cm切り目を入れてわたを出す。

つぼ抜き

腹を傷つけずに内臓をぬき出す方法。あじ、にじますなど小ぶりの魚に

❶水洗いした後、魚の尻から竹串を入れ、わたを身からはずす。
❷魚の口に割り箸2本を入れ、えらを両側からはさむ。
❸一方の手で魚をしっかり押さえ、えらをねじるようにして引き出す。

4 開きはじめ

いわしの尾に近い腹部、尻穴付近から両手親指を入れる。

5 開き方

中骨が指の下に位置するのを確かめながら、左右に広げるつもりで親指を動かす。

6 中骨をはずす

片身に残った中骨をはずすときは、つまみ上げる最初をていねいに。尾からでも頭からでもよいが、身をくずさないようにする。

7 中骨を折りとる

尾びれは残して中骨を手で折る。尾をつけない場合は、包丁で切りおとす。

8 背びれをのぞく

身の側から背びれの内側に入りこんでいる骨をさがし、つまみながら尾の方向に引き出してとり除く。小さな穴が残る。

3 腹側をおろす

頭を右、腹側を手前におく。中骨を境に腹側半分の身だけ尾まで包丁を入れる。

4 背側をおろす

背側の身は、向きをかえて尾から頭まで包丁を入れる。

5 中骨にそって2枚に

最後に中骨についた身を切りはなす。

大名おろし

幅の細い魚は、頭から尾へ一度に包丁を入れておろすこともできる。

●おおばいわし ●かます ●さより ●たちうお

筒切り

骨からよい味が出ます。

●あいなめ ●かれい ●こい ●さんま ●たちうお ●まながつお ●めごち ●めばる

1 頭とわたを除く

頭を切り落とし、わたをかき出し水洗いする。

2 輪切りにする

約1.5cm厚さに骨ごと輪切りにする。

五枚おろし

ひらめ、かれいなど幅の広い魚は、中骨の上にそって表裏1本ずつ縦に切り目を入れ、上身4枚と中骨1枚の五枚おろしにする。

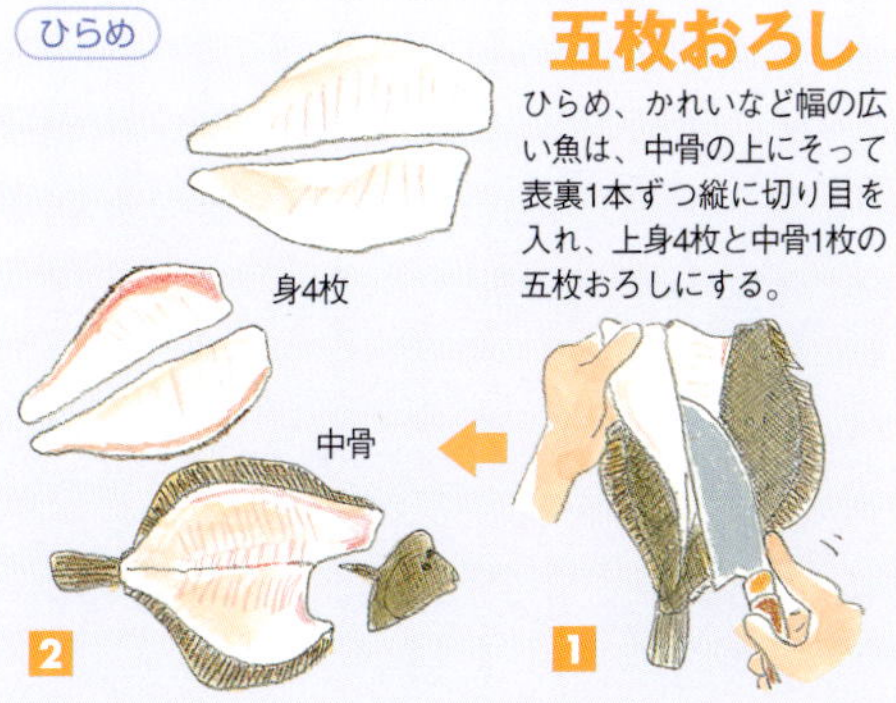

3 薄腹をすきとる

上身の薄腹に包丁をあてて、手前に引きながらすきとる。
・さしみや酢のものには皮を引いて、小骨をぬく。

上身は皮目を下にしておき、皮と身の間に包丁をあてながら、皮をひく。（昆布じめはP.116）。

いか

煮る、焼くなどで加熱するときは、むかずに使い、皮の旨みまで味わいます。

1 頭と足をぬく

エンペラ（ひれ）を下向きにおき、胴内に手を入れて頭部のつけ根をはずす。頭部を引くとわたも一緒にぬける。軟骨もぬきとる。

2 すみ袋をはずす

わたについているすみ袋は、つまむようにとる。すみ煮用に使える（冷凍も可）。

3 わた袋を切りはなす

目のすぐ上でわた袋を切りはなす。わたはとっておけば、塩辛、わた煮などに使える。

4 眼を除く

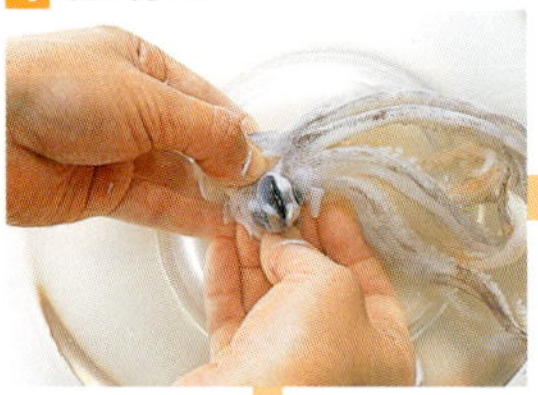

眼をはずすときは、眼の裏側にある汁が飛ぶのを避けるため、水をはったボウルの中に入れ、指先で押し出すようにとり除く。

5 吸盤、足の先を切り落とす

足10本のうち長い2本にだけリング状の硬い吸盤があるのでそぎ落とす。先端は10本とも数㎜切りそろえる。

6 口、くちばしを除く

足のつけ根を上にし、口とくちばしをとり出す。

7 足を切り開く

足の部分には、縦に切り目を入れて開く。

8 足を開いたところ

皮をむく

9 エンペラをはずす

エンペラは、胴の間に指を入れて足の方向にひっぱる。かたくしぼった布巾でつまみとるか、指先に塩をつけるとすべりにくい。

10 外皮をむく

エンペラをはずしたときにむけた皮の切れ目から、さらに胴全体の皮をむく。

11 切り開いて1枚に

胴に包丁を入れて切り開く。

12 内側の皮も除く

外皮の下にある薄皮や、内側にある繊維まで、きれいにとり除く。皮をむいてからは洗わない。

かに

ゆでて二杯酢をかけるだけでもおいしいもの。食べられないところがきちんとわかると下ごしらえはかんたんです。

1 茹でる

たっぷりの湯に入れ、再び沸騰してから毛がにでは4～5分、わたりがにでは3～4分ゆでてあら熱をとる。

2 ふんどしを除く

ふんどし（腹部の三角形の甲羅）を開いてはずす。

3 足、はさみを除く

足とはさみをすべてはずす。

4 甲羅を開く

甲羅を下向きにして左手にのせ、みそが流れ出さないように固定してから、右手で胴を持ち上げて身を開く。

5 エラを除く

はさみのつけ根にあるエラ（ガニ）は、両側ともすべてとり除いて捨てる。ここは食べられない。

背開きにする魚

身が細く、やわらかい魚で（はぜ、きす）おもに天ぷら、フライなどに。短時間で火が通りやすくなる。

1 うろこ、頭、わたを除く

うろこを落とし、頭とわたを除き水洗いする。

2 背から包丁を入れる

頭を右に、背を手前にして置き、背側から包丁を入れる。腹側の身を数mm、皮を残しながら、中骨のすぐ上を切り開く。

3 中骨を除く

中骨の表面を下にして置きかえ、骨だけを切りはなすように包丁を動かす。尾先は、身の側につけたまま中骨部分を折る。

4 腹骨をすきとる

えび

冷凍ものは水につけて解凍。とけてから下ごしらえ。

1 頭、殻を除く

頭をとり、殻は、尾の一節だけを残して、腹側から足も一緒にはぐ。殻を全部むくと尾がとれるので注意。
背にはさみを入れてもやりやすい。

2-a 背わたとり

背わたは、竹串の先を背側の節目に入れてぬく。

2-b 背わたとり（殻の上から）

殻つきの調理では、殻の上の節目から串を入れてぬき出す。

3 尾先の水ぬき

尾先の袋は、端を数mm切り落とし、包丁の背でしごき空気や水分を除く。揚げもの用には、さらに水けをふきとる。

4 腹側に包丁目を

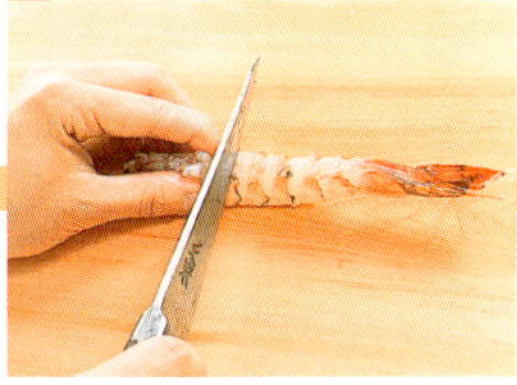

腹側は、2〜3カ所数mmの深さに包丁目を入れる。

5 仕上げに筋切り

さらに指先で節を押さえ、腹の方から背の方向に曲げるように、ぼきりぼきりとのばしておく。

新巻さけ

9月初めにとれた良質の秋鮭を塩漬けしたもの。出荷のピークは12月。

まずは大まかに切り分けて、冷蔵または冷凍保存する。脂ののった腹側から食べはじめるとよい。

1 表面をきれいにする

さけは、表面の塩やぬめりをさっと洗い、水けをふく。

2 頭を落とす

包丁を胸びれの下から斜めに入れる。中骨近くで一度返し、裏側からも切る。さけの身は、およそ半分の長さで切る。

3 頭部は、かまをはずして2つ割り

頭は、右の写真のように立てて置き、鼻先から手前半分に包丁を入れる。向きを変え、あごの部分は内側から包丁を入れて2枚に分ける。エラはとり除く。

4 さらに切り分ける

頭は、さらに3等分に切り分ける。
●眉間から鼻先にかけてある軟骨“氷頭”は、とり分けてごく薄く切り、酢と酒につけると“氷頭なます”に。

5 頭側の身は2枚おろし

頭側半分の身は、二枚おろしにする。
●脂肪の少ない背側は酢漬け（二杯酢、三杯酢など）、マリネなどに。
●腹側は塩焼き、フライ、シチュー、コロッケにも。

6 尾は筒切り

尾側半分の身は、筒切りにする。頭部と一緒に粕汁などにも。

自分でできる魚介の下ごしらえ 3

かき（むき身）

調理直前に手早く下ごしらえします。

1 ふり洗い

加熱用かきは、調理直前にざるに移し、水をはったボウルの中へ入れてゆする“ふり洗い”をする。

2 汚れを浮かせる

かきの上に塩(3%)をふりかけて手早くまぜ､流し水の下でぬめりや汚れを洗い流す。

3 水けを除く

布巾またはペーパーで水けをふきとる。

しじみの砂出し

真水につけて2〜3時間おく。あつかいの基本は、右項と同じに。

あさり はまぐりの砂出し

海水濃度の塩水（3%､水1カップに塩小さじ1強）につけて暗い静かなところで2〜3時間おく。水位は、ひたひたに。

●1日以上おくときは

貝を1日以上置くときは、汚れた水が貝を弱らせるため、途中でとり替えるか、ぬらした新聞紙に包んで、涼しいところにおく。夏場は冷蔵庫に入れ早めに使う。

●砂出しが終わったら

汚れた水は捨てて真水をそそぎ、殻と殻をこすり合わせてよく洗う。はまぐりは布巾で汚れをふきとる。

●むき身の扱い

ざるに入れ、塩水（3%）の中でふり洗いする。仕上げは、真水で手早く流す。

ほたて貝

調理直前に手早く下ごしらえします。

1 開けはじめ

貝殻は、殻が深い方を下にして持つ。

殻の隙間に貝割りを入れ、力のかぎり左右にねじって開かせる。貝割りが身に触れると硬く閉じるので、なるべく手前で動かす

2 はじからこそげる

口がゆるみ開きはじめたら、殻の内側についているひもから貝割りの先でこそげていく。

3 とり出す

貝の下側からも身をこそげる

4 真水で洗う

とり出した身は、ウロ（中腸腺・写真右端）をとり除き、真水でよく洗う。

さざえ

生でとり出す場合

貝殻のふたを下にしておき、身がのびてふたが浮いてきたころ貝割りをさし込む。

途中で失敗したら…火にかけて加熱すれば、わたごとかんたんにとり出せる。

1 貝割りを入れる

貝割りまたは先の丸いナイフをふたの右端から素早く（ここが肝心）はさみ込み、左奥へとさし入れる。

2 ふたを切りとる

ゆるんだふたに貝割りの先をかけて引き出し、ふたを包丁で切りはなす。

3 身を引き出す

身を引き出す。途中で切れてもよい。慣れてきたら、身をよけながら4まで続けてもよい。

4 わたつきの身をとり出す

奥に残ったわたつきの身は、貝殻の中心部分につながっているため、殻の中へ右人さし指を入れ、中へ向かって押し込むようにはずす。かすかに“ごぼっ”と音がする。

殻をまわすと、残った身が出てくるので、手で引き出す。

5 仕上がり

食べられない所

わた側の身にある赤い軟骨部分は、包丁の先でとり除き捨てる。(上段右端)

6 真水で洗い流す

かわはぎ

下ごしらえにはひと手間かかるが、薄造りのきも和えは、ふぐさしに並ぶおいしさ。煮つけてもおいしい。

1 背びれ、口先を除く

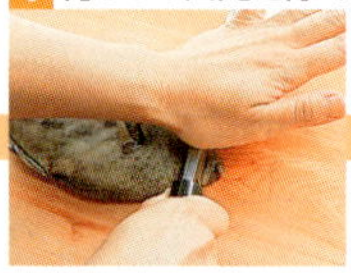

キッチンばさみを使って背びれを切りとる。

包丁で口先を切り落とす。

2 皮に包丁目を

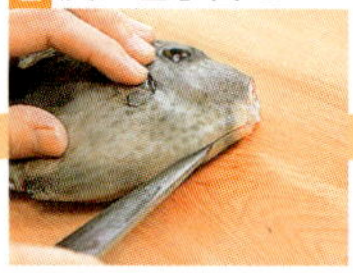

魚の皮に包丁目を入れる。背びれ、腹びれにそって輪郭を一周する。

3 皮を引く

皮は、口先からつまみ、尾へ向かって一気に引く。

4 えらを除く

えらをえらぶたからぬき出す。

5 わたを除く

盛りつけたとき裏になる側の腹に切り目を入れて、腹わたをとり出す。

・きもは、わたからとり分けてきれいにする。煮もの用には、腹に詰めなおす。

仕上がり

ひれを切り落とし、尾びれの長さをととのえたもの。

野菜のおかず

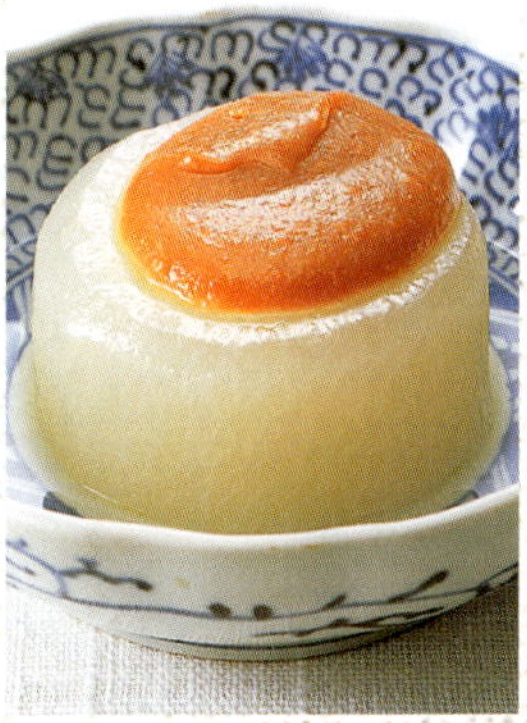

野菜をあざやかにおいしくゆでる

〝ゆでる〟調理法は、材料を湯で煮るだけの単純なことですが、やわらかく、色美しく、そしてあくをとるなど下ごしらえとして重要です。中でも料理によく使う緑色の野菜を、色も味もよくゆでられれば、より食欲をそそる食卓になるでしょう。

上手にゆでる5つの条件は

1. たっぷりの湯を使う
2. 湯が完全に沸騰してから材料を入れる
3. 火は強く、ゆで時間は短く
4. ゆでるとき、鍋蓋はしない（青菜の場合）
5. ゆで上がったらすぐ冷ます

青菜をゆでると、なぜか黒ずんでしまいます。おいしく色あざやかにゆでるにはどうしたらよいでしょう？

――緑色の野菜は加熱時間が長いほど成分（葉緑素）が変化しやすく、あざやかな緑色は湯温が70℃以上になると酵素の働きによって発色するといわれます。たっぷりの湯が充分に沸き立っていれば、材料を入れたときの温度が下がりにくく、短時間であざやかにゆで上がります。

青菜に鍋蓋をしないのは、湯の中にとけ出した野菜の酸を水蒸気とともに逃さないと、酸化によって色が悪くなるからです。また、ゆで上がりを急激に冷やすのもせっかくの美しい色を変化させないため。冷水で芯まで冷やし、手早く水けをきりましょう。

ゆでるときは、湯に塩を加えると緑色を保つ効果があると言われますが、科学的には2％の濃度（水1ℓに塩小さじ四杯）以下では効果はなく、おひたしなどでいただくには、それ以上の塩分をつける必要もないので、青菜の場合、塩を入れることが色よくゆでるための必要条件とは考えなくてもよいと思います。

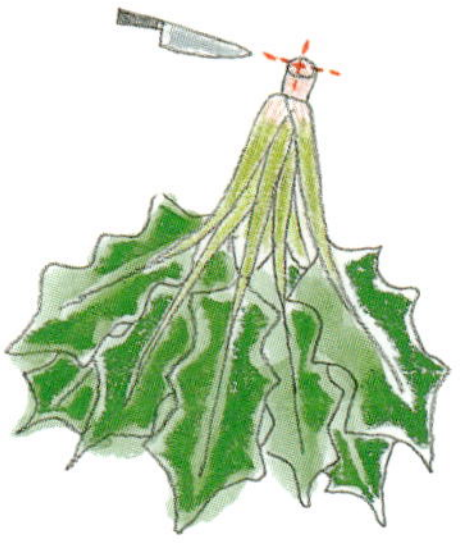

1 根元に十文字に包丁を入れ、火の通りをよくする

2 勢いよく煮立ったら、3～4株を根元から入れる

3 葉の方も入れ、ふたたび煮立ったら裏返す

むしろ、ゆで上がりにパラパラとふり塩する方がよいでしょう。

〝お料理はまず実験！〟です。ほうれん草を例においしいおひたしをつくってみましょう。

新鮮なほうれん草を用意します。どんなに理にかなった方法でゆでても材料が新鮮でなければ色も味もうまくいきません。洗い方は、少しずつ束ねて持ち、たっぷりの水をはったボウルの中に根の方を打ちつけるようにして、ふり洗いし、つぎに葉先も同じようにして、これを水をとりかえてはくり返します。水道水を出しっぱなして洗うより、ためた水を数回とりかえて洗う方が汚れがきれいに落ちます。

火の通りをよくするため、根元に十文字の切り込みを深くつけます。大きい株は切り込みから割っておくと太さが平均して同じようにゆでられます。根元をそろえてざるに上げ、ボウルに冷水を用意し、これで準備はできました。

鍋に1ℓの水（ほうれん草200gの約五倍）を

ほうれん草のおひたし

ほうれん草のおひたし

■材料（3〜4人分）右ページ写真

ほうれん草 ……… 200g
熱湯 ……… 1ℓ
〈割りじょう油〉
しょう油 ……… 大さじ1
だし（昆布のつけ汁でも） ……… 大さじ2
糸削り ……… 大さじ2

さやえんどうのすじはなり口からとる。

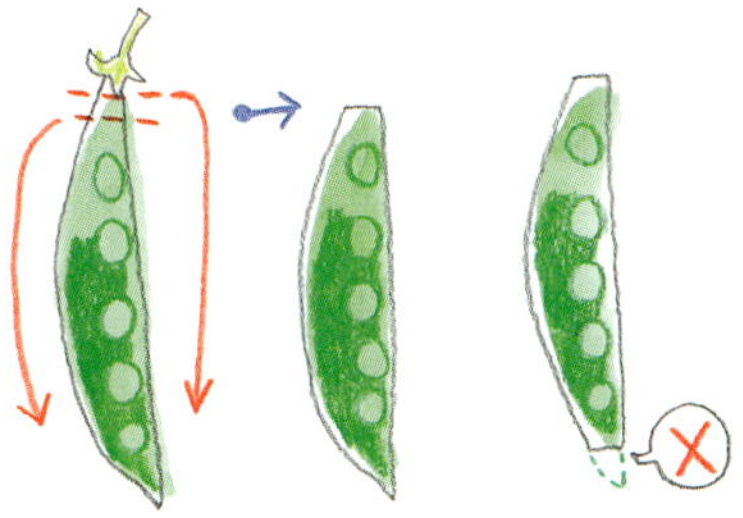

入れて強火にかけ、勢いよく煮立ったら3〜4株を根の方から入れ、つづいて葉先も湯の中に沈めます。ここで沸騰が静まりますが、ふたたび煮立ったら菜箸で裏返し、つぎに煮立ってきたら茎を押してやわらかさを確かめ、すぐに引き上げて水につけます。これをくり返してぜんぶゆで上げ、水につけたほうれん草は3〜4株ずつそろえて、にぎるようにして根元から水けをしぼり、ざるに並べます。

根元をそろえて二等分し、根元と葉先を交互にしてさらに2〜3cmに切り、深めの鉢なら立てて、浅鉢ならねかせて盛ります。上から割りじょう油（しょう油とだしを一対二）をかけ、糸削りをのせます。

同じ青菜でも春菊や大根、かぶの葉などはさらに手早くゆでないとやわらかくなるのが早いですし、小松菜やチンゲン菜など生から調理できるあくの少ないものもあるので、いろいろな種類の青菜に親しみ、違いや特徴を覚えていくと料理のレパートリーが広がって楽しいものです。そのほかの緑色野菜も上手にゆでる条件は青菜と共通ですが、かたさ、形、味などの違いによってそれぞれに適した注意があります。

●さやえんどう、さやいんげん

さやの形を生かすようにていねいにすじをとって洗います。さやいんげんは長ければ半分に切り、太ければ縦に割ってもよいでしょう。

煮立った湯の中に入れて一度かきまぜ、湯の温度を平均にします。さっと色があざやかになったら爪が立つくらいのゆで加減でざるにあけ、冷水をかけて熱をとります。ここでふり塩をすると、緑の美しさが変わりません。ゆですぎると、さやが二枚にはずれて見苦しくなります。

せん切りにする場合は切ってから熱湯にくぐらせるくらいにゆでます。生のうちに切る方が細くきれいに切れます。

ブロッコリーを
小房に分ける

＊グリンピース、アスパラガス、ブロッコリーなどは、1%の塩加減でゆでることで旨みが引き立ち、緑色を保ちますから冷水をかけて水っぽくしない方がよいと思います。

●グリンピース

さやから出して洗い、吸いものより少し濃いめの塩分（約1%）の煮立った湯で、五〜六分ゆで、ゆで汁につけたまま冷まします。熱いうちにゆで汁から出すとしわが寄ってしまいます。

●グリーンアスパラガス

穂先から14〜15cmくらいで切りそろえ（鍋の大きさや用途によってはさらに二等分してもよい）、はかまを除き、太い方のかたい皮はピーラーでむきます。1%の塩加減の沸騰した湯に入れ、かためにゆでてざるにとり、冷まします。

穂先を傷めないように、ひもでかるくしばってゆでれば安心ですが、家庭で1〜2束くらいの量をゆでるなら、あつかいをていねいにすればよいと思います。

●ブロッコリー

ゆで上がりをそろえるため小房に分け、軸のかたい部分は皮をむいて適当な長さ、太さに切ります。1%の塩加減の煮立った湯に入れ、ふたたび沸き立つと同時くらいでゆで上がりますからざるにあけて冷まします。ゆでているとき、すっかり湯に浸っていないと黒ずむことがあります。

そら豆は甘皮に少し包丁を入れる

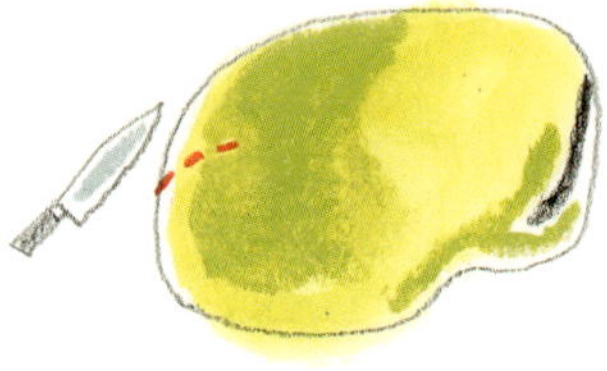

枝豆のさやは、両側をはさみで切り、塩でよくもむ

●芽キャベツ

外側の枯れ葉を除き、火の通りをよくするため、根元に十文字の切り込みを入れます。煮立った湯に入れてやわらかくなるまでゆでますが、硫黄臭が気になるときはパン粉少々か、パンの耳二〜三片を加えます。

■豆、その他

ごく短時間にゆでるここまでの緑色野菜とは少し違いますが、初夏の季節感あふれる枝豆とそら豆もぜひおいしくゆでたいものです。いろいろなゆで方があるようですが、ごく一般的な塩ゆでの方法を記してみましょう。

●枝豆

さやの両側をはさみで切って（こうすると中の豆にほどよい塩味がつく）、水洗いしてから一にぎりの塩（ゆでる湯1ℓに対し塩40g）をふりかけてよくもむと、表面の細い毛がとれます。これを塩を落とさずに熱湯で3〜5分くらいゆで、手早くざるに上げて冷まします。枝豆は塩分のしみこみにくいものなので、こうしても、可食部の塩分は約1％ほどです。ゆですぎると色がわるくなり、さやが割れて豆が出てしまいます。

●そら豆

さやから出し、甘皮にかるく包丁目を入れて塩ゆでにします。塩加減は1ℓの水に小さじ1杯強くらい。熱湯でやわらかくなるまでゆで、（1〜2分ゆでたところで一粒食べて加減をみる）ざるに上げます。炒めものや煮ものに使うときは、ゆで上がったらさっと冷水にくぐらせ、指でつまんで押し出すように甘皮をむきます。

根菜の乱切り

●じゃが芋
●人参
●さつま芋
●里芋

ゆで時間15〜20分

じゃが芋
皮つき丸のまま

ゆで時間30分

■根菜をゆでる

たっぷりの熱湯で、短時間にゆでる葉菜など緑色野菜と違って、根菜類は表面も中心部も同じやわらかさになるよう徐々に熱を通すため、水からゆでます。水の量は多すぎると煮立ったときに材料がおどって煮くずれるので、ひたひたくらいにします。熱を逃さないため、鍋蓋は最初はしておきますが、煮立ってきたら火を少し弱め、湯が対流するていどの静かな沸騰でゆでつづけられるように鍋の中の状態に注意します。ゆで時間の目安としては、一口大の乱切りにした200gのじゃが芋、人参、さつま芋、里芋、いずれも15〜20分（じゃが芋の皮つき丸のままは約30分）ていどですが、野菜の時期や鍋、火力によっても違いますから自分で経験しながら身につけましょう。

●じゃが芋

皮をむき、用途に応じて切りますが、やわらかさと味を均一にするため大きさをそろえることが大切です。いちど水にさらしてあくをとり、芋がかくれるていどの水に入れてゆでます。塩を加えるとでんぷんがとけ出てべとついたゆで上がりになりますから入れません。粉ふき芋やマッシュポテトは下ごしらえとしてゆでますが、あくが強くないので生から調理することが多い野菜です（かぼちゃ、大根、人参なども）。

●里芋

皮むきが面倒ですが、ぜひ土のついたものを求めてください。鮮度も味も格段に違います。早めに洗って皮を乾かしておくとあつかいがらくで、根元から芽の方に向かって縦にむくと美しく見えます。適当な大きさに切り、汚れはふきとってからゆではじめます。芋の表面が透き通り、竹串がささるくらいになったらゆでこぼします（ざるにあける）。きれいな煮ものに仕上げたいときには、いちどゆでこぼしてぬめりをとってから味をつけて煮ます。

■電子レンジを使ってゆでる

鍋で湯をわかさずに野菜の下ごしらえができる点や、材料によっては旨みや成分が湯の中に逃げない点など、原理をわかって活用すると便利なものです。時間の設定などは、機種ごとの取り扱い説明書に添って使います。

さやえんどうやいんげんが料理の彩りにほんの少し必要なときは、わざわざ湯をわかすまでもなく、すぐ用意できます。また青菜のおひたしをはじめ、白菜やキャベツ、人参などは、素材の旨みが残るようですし、なすは少量ずつあつかうと美しい色に加熱できます。

食品を温めるだけでなく、下ごしらえにも気軽に使う習慣をつけると道具が生きてきます。

■乾豆をゆでる

新しい豆ほど、早く煮えて味もよいので新豆を買うよう心がけます（10月頃から出まわる）。

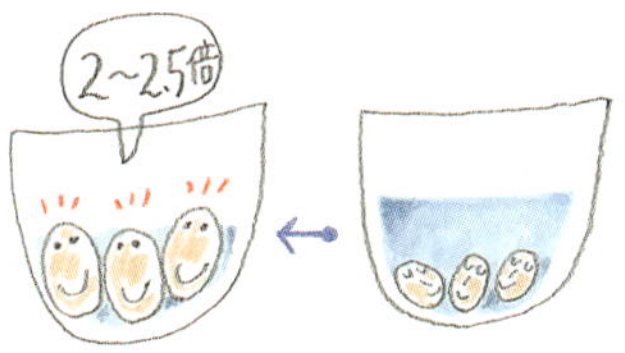

乾豆を水に7〜8時間つけると
2倍〜2倍半にふくらむ

豆には大豆、黒豆などたんぱく質を多く含むものと、あずき、いんげん、うずら豆など、でんぷん質の多いものとがあります。大豆や黒豆はいきなり調味液の中に浸し、液をよく含ませてからそのまま煮ることができますが、でんぷん質の豆は先に調味料を加えると、水分が充分吸収されないためかたくなってしまいますから、完全にやわらかくなるまで下ゆでをしてから味をつけます。その違いをしっかり覚えておけば、それ以外のあつかいは同じです。

乾豆は水を含むと約2〜2倍半に増えます。きれいに洗った豆は、豆の約3倍の水に、7〜8時間つけておき、つけ汁のまま火にかけます。鍋はなるべく厚手で深めがよく、火加減は豆がおどらないていどの中火以下〜弱火で、鍋蓋はきっちりして、ことことと40〜50分、煮ます。とちゅう、あくはとり除き、ときどきさし水（冷水を加えることで表面の皮がゆるみ、豆の組織がこわれて味がしみやすくなる）をしながら、縦につまんで押すとつぶれるくらいまでゆでます。

大豆の場合は、豆の3倍の量の塩水（水5カップに塩小さじ一杯＝0・5％）につけておき、そのままやわらかくなるまでゆでると、ほどよい塩味がつきます。とろ火で何時間も煮つづけなくても、ときどき火を止めて余熱を上手に利用する工夫もできますから、まずは体にいい食品である豆類（特に大豆）を、おっくうがらずに毎日の食事に活用したいものです。

レパートリーを広げる
合わせ酢と和え衣

季節の野菜を酢やからし、ごま、みそなどで香り高く和える野菜の小鉢。和のドレッシングともいえる合わせ酢、和え衣の基本です。

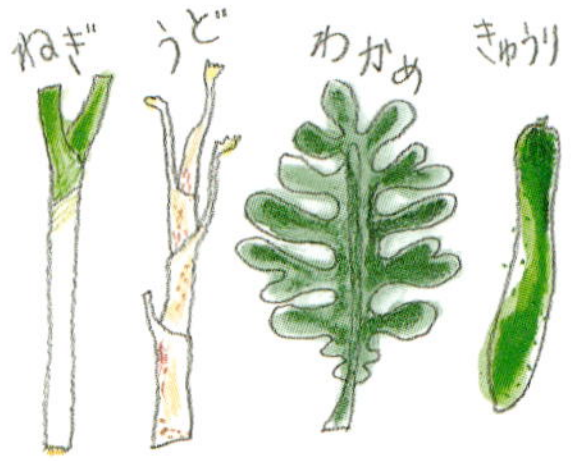

和風というと、いつも同じ素材や味ばかりになってしまいます。趣向の変わる酢のものや和えもので、食卓をもっと豊かにしたいのですが。

——味つけの基本となる合わせ酢や和え衣の調味料の配合を覚えることで、いろいろな種類の野菜や海藻、魚介を使いこなすことができます。

献立のうえでは副菜としてあつかわれますので、和えものは主菜の約半量、酢のものは1/3〜1/4ていどを一人前と見当づけます（でき上がりでおよそ50〜100g）。

■酢のもの

●二杯酢

甘みの加わらない二杯酢は、かにや貝など生の魚介を和えるのによく合います。

二杯酢よりしょう油の味を濃くしたもの、酢2に対し、しょう油3を「酢じょう油」といいます。酢の代わりに柑橘類の汁を使うと「ポン酢しょう油」です。

和える材料によって酢としょう油を同量にしたり、うどなど素材の白さを生かすときはしょう油の量を減らして塩を加えたりします。しょう油大さじ1杯と塩小さじ1/2杯がおよそ同じ塩分と覚えておくと便利です。（P.21）

二杯酢
酢・しょう油を合わせる

酢 2 ： しょう油 1

材料150〜200gに
酢 大さじ1
しょう油 大さじ1/2

●三杯酢

三杯酢は魚介類、野菜、海藻などにいちばん多く使われる味つけです。

三杯酢
酢・しょう油・砂糖を合わせる

酢 3 ： しょう油 1 ： 砂糖 1

材料150〜200gに
酢 大さじ1
しょう油 小さじ1
砂糖 小さじ1

●加減酢

三杯酢を酢の半量〜1/3量のだしでうすめて、酢の味をやわらげたものです。生の魚のように酢をよく吸収するものに使います。

●甘酢

三杯酢の砂糖の量を多くしたものです。みりんを砂糖と同量加えるか、砂糖だけなら酢の半量まで加えます。甘みの勝った味つけは主にキャベツやかぶ、ゆで人参、蓮根のあちゃらなど野菜類に適しています。

■和えもの

和えものの原型はおひたしですが、それにからしを加えればからし和え、ごまを加えればごま和え、ごまには少し甘味をプラスするというように考えれば、あり合わせの材料でも気軽につくることができます。

基本の和え衣の割合

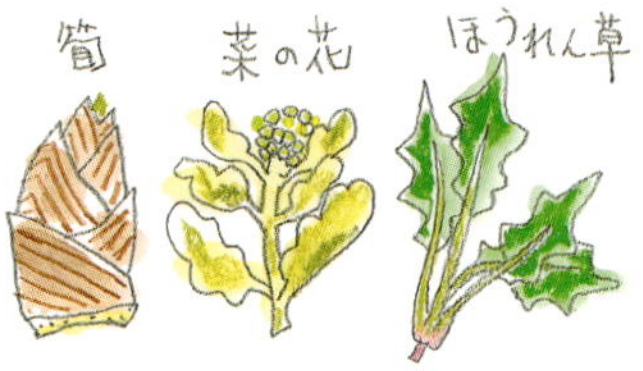

●からし和え

ほうれん草、小松菜、かぶの葉、菜の花、キャベツなど、くせの強くない多くの葉菜類に。

からし和え
材料150〜200gに
しょう油 大さじ1
辛子 小さじ1

ごま和えの衣

材料150〜200gに

ごま	大さじ2
しょう油	大さじ1
砂糖	小さじ2

●ごま和え

ごま和えもほとんどの葉菜類に向きます。さやいんげん、もやし、白菜もよいでしょう。ごまは油が出るほどなめらかにすると濃厚な味に、半ずりだとさっぱりします。応用としてはピーナツバターも使えるでしょう。

ごま酢和えの衣

材料150〜200gに

ごま	大さじ2
しょう油	大さじ1
砂糖	大さじ1
酢	大さじ1

●ごま酢和え

ごま和えに酢味を加えると、さっぱりした味わいになります。和える材料はごま和えと同様ですが、うど、たけのこ、ふき、わらび、ぜんまいなど、少々くせのある野菜も使われます。

酢みそ和えの衣

材料200〜300gに

みそ	大さじ2
酢	大さじ1
砂糖	大さじ1

＊みりんを加える場合は砂糖小さじ1のかわりにみりん大さじ½

●酢みそ和え

俗に「ぬた」といわれているもので、みそを約半量の甘酢でうすめます。酢みそには西京みそを使うと味がやわらかくなりますが、信州みそなどを少しまぜると味がひきしまります。

ねぎとわかめの酢みそ和えは一般的ですが、春はうどとたけのこ、あさりのむき身やあおやぎとわけぎ。夏はゆでなすやきゅうり、秋は酢じめ魚やいかとねぎ。冬は白菜や大根とわかめなど、季節によっていろいろな素材が使えます。材料が水っぽい場合は和える前に酢じょう油を下味としてふりかけておくとよいでしょう。

白和えの衣

材料150〜200gに

白ごま	大さじ2
豆腐	200g（⅔丁）
砂糖	大さじ½
塩	小さじ⅓

●白和え

衣で和える前に材料（200g）は、だし½カップ、しょう油（うす口でも）大さじ1、みりん大さじ1で下煮をしておき、すっかり冷めてから和えます。水けをきった豆腐は熱湯でさっとゆで、布巾にとってかるくしぼり、すりごまと合わせてさらにすります。こんにゃく、人参、ぜんまい、しいたけ、ひじきなど変化に富んだ材料に、さやえんどう、きゅうり、春菊など緑色野菜をとり合わせると、充実した一品になります。

■材料の下ごしらえ

●魚類

さば、こはだ、あじ、いわしなど三枚におろしたものを酢じめ（P.116）し、細切りやそぎ切りなど、他の材料との調和を考え切ります。しらす干しは酢と水を同量合わせた中でさっと洗います。

●いか

皮をむき（P.120）、松笠（P.135）など、飾り包丁を入れ、さっと湯通しするか、酒をふりかけて炒ります。また、細造りを生で使うこともあります。

●貝

赤貝は塩でもんで、わたやぬめりを水洗いしてとり、生のまま使います。はまぐりやあさりのむき身は、酒少量をふりかけてから炒り、あおやぎは湯にくぐらせてすぐ冷水で冷やします。ほたての貝柱は周囲の薄い膜をはがし、へこみの白いすじを切りとって厚みをそぎ切りに。

●そのほか

とりのささみは酒蒸し（P.88）にして細切りに。

ひじきは水でよく洗い、水かぬるま湯に20分ほど浸してからさっとゆでます。

わかめは水につけてもどし、さっと熱湯をかけ、すじを除いて切ります。

＊酢のもの、和えものどちらも調味料で和えてから時間がたつと水っぽくなりますから、合わせ酢や衣と材料は別々に用意しておき、食卓に出す直前に和えることが大切です。

酢のもの・和えもの

主菜と味の調和をとり、栄養を補う献立のひきしめ役。
昔から伝えられてきた家庭の味です。

エネルギー 17 kcal
塩分 0.9 g

きゅうりもみ

先に塩をする一手間で、合わせ酢がなじみます。きゅうりはつぶさないようにしぼります。

■材料（5人分）

きゅうり	3本(300g)
塩	小さじ3/5(約1%、板ずり用)
1%の塩水	(水カップ2+塩小さじ1弱)
〈三杯酢〉	
酢	大さじ2
しょう油、砂糖、だし	各小さじ2

つくり方

- きゅうり…塩で板ずりして、2～3分おく
- 三杯酢…調味料を合わせて、とかしておく

①きゅうりは苦みの強いなり口の皮を指一節くらいむいて、小口から薄く刻み、塩水に片端からはなし、さっとまぜておきます。
……板ずりの塩がついたまま小口切り

②きゅうりがしんなりしたら、水けをしぼり、合わせ酢で和えて盛りつけます。
……和えものは小鉢か深めの器に盛ると、汁が目立たずぐあいがよい

きゅうりとわかめの酢のもの

つくり方　戻したわかめ30g(乾約3g、塩蔵約15g)をさっと熱湯に通し、冷水にとって水をきり、食べやすく切ります。きゅうりといっしょに和え、針しょうがを天盛りに。

きゅうりはスライサーで切ってもよいですか。

――たいていのスライサーでは極薄になって水がたくさん出てしまい、歯ざわりも楽しめません。薄すぎず、厚すぎずの加減がだいじですが、細めのきゅうりなら2㎜くらいが目安でしょうか。ふつうは丸のままですが、ごく太いものは二つ割りか四つ割りにして種の部分をかるくそぎとり、斜め切りにします。

process
板ずり

塩をまぶしてまな板の上で押しながら転がすと、緑の色があざやかになる

ひと塩野菜

野菜を刻んでかるく塩をしておき、いろいろな和えものに使います。

つくり方　野菜合計600g(キャベツ200g、きゅうり・かぶ各150g、セロリ・人参各50g)に、塩小さじ1 1/2(約1.2%)。水けをしぼり、へぎゆず、ごま油などで香りづけしたり、細切り昆布、しその実漬け、しょうが、するめなど加えたり。サラダ油大さじ2、酢大さじ1、砂糖小さじ1で和えれば、揚げものや肉料理に合う一品に。

紅白なます

お正月だけでなく、ふだんのお惣菜としても便利なものです。つくりたてよりも一晩おくと味がなじんでおいしくなります。

■材料（1単位）

大根 ……………………………… 400g
人参……………………………………… 40g
塩 ………………小さじ1（材料の約1%）
（大根に小さじ1弱、人参に2本指一つまみ）
〈三杯酢〉
酢 ………………………………… 大さじ4
砂糖 ………………………………… 大さじ1
塩 ………………………………… 小さじ2/3
だし ………………………………… 大さじ1

つくり方

- 大根、人参…皮をむいて4〜5㎝長さのせん切り
- 三杯酢…調味料を合わせてとかしておく

①大根、人参は別々に塩をしておきます。いっしょにもんでしまうと、大根がもみすぎになり、くしゃくしゃになってしまいます。
②大根と人参を合わせてから、もういちどかるくもみ、両手できつくしぼります。
③三杯酢で和えて盛りつけます。

大根と人参の割合はどのくらいにしたらよいですか？
――人参は大根の1割りくらいがちょうどよく、これ以上人参が多いと赤すぎて、人参料理になってしまいます。真っ白いきれいな大根の中に、気持ちのよい配合で人参が入っています。

process
菊花の包丁の入れ方

菜箸をあてて細く切り目を入れ、向きを変えて同じように切る。甘酢に浸けてから花のように切り目を開く

菊花かぶ

菊の花に見立てて包丁したかぶ（上）。薄切りのかぶのあちゃらとは一味違った存在感で、焼き魚のあしらいにもよい。

つくり方 かぶのあちゃらとほぼ同じ。花形がくずれないように、塩でもまずに、5%の塩水に浸してからそっとしぼる。

かぶのあちゃら

さっぱりとした酢味の一品として、つけ合わせや箸休めに便利。つくりおきもききます。あちゃらの語源はポルトガルの漬けもの「アチャール」からとも。

■材料（4人分）

かぶ ……………………… 200g
塩 …小さじ1弱（かぶの2%）
〈甘酢〉
酢 ……………………… 大さじ2
砂糖 …………………… 大さじ1
だし …………………… 大さじ1
赤唐辛子 ……………………… 小1本

かぶを2%の塩でもむので、塩分は入れません

つくり方

- かぶ…葉を切り落とし皮を薄くむいて、2㎜くらいの薄い輪切り、大きければ縦半分に切って薄切りにし、塩でかるくもむ
- 赤唐辛子…種をとり薄く小口切り
- 甘酢…調味料を合わせてとかしておく

①かぶがしんなりしたらかるくしぼります。
②甘酢に赤唐辛子を加え、かぶを和えます。

ゆずやみかんの皮のせん切り少々をそえてもおいしい

大豆と揚げさつま芋のおろし和え

さつま芋の甘みと大根の辛みのハーモニー。

エネルギー 80 kcal
塩分 0.6 g

■材料（4人分）

ゆで大豆 ……………1/2カップ
（乾豆1/4カップ分 ゆで方P.127）
さつま芋 ……………………100g
わかめ……乾3g（戻して約40g）
大根おろし 100g（大根約150g）
あさつき（小口切り）

〈三杯酢〉
- 酢 ………………………大さじ1
- しょうゆ …………小さじ1/4
- 塩 ……………………小さじ1/4
- 砂糖 ………………大さじ3/4

揚げ油

つくり方

●わかめ…水に戻し、熱湯にさっと通して水にとり、食べやすく2〜3cmに切る

●三杯酢…調味料を合わせてとかしておく

①さつま芋は皮つきのまま1cm角くらいに切り、すぐにフライパンに少量の油を入れて、ころがすように揚げます。

②食べる間際に三杯酢に大根おろしをまぜ、ゆで大豆、揚げたさつま芋、わかめを和えて器に盛り、あさつきを散らします。

大根からおどろくほど汁がでてきましたが。——大根おろしは、おろしたら水けをきって使います。水のしたみ加減はこし器にそっとおろしをのせ、しぜんに水を落としてすぐ器に移すくらいがちょうどよいようです。

これはそのつどおろしをこし器にのせて水をきらなくても、いちど試してみて、その加減を覚えてください。また、歯のつぶれたおろし金や力の入れ方が弱いせいで、時間ばかりかかって水が多く出ることもあります。ぐあいのよいおろし器で、切り口を少し斜めにあて、しっかり力を入れておろしましょう。

大根は中ほどのいちばんよい部分を使う

「したむ」とは、汁をしたたらせること。大根おろしはそっとあつかい、けっして手でしぼりません

火いらずのおろし和え

火いらずの材料をとり合わせたおろし和えは、かんたんで手間いらずの副菜になります。とり合わせる材料を変えて楽しみましょう。

●干しぶどう、りんご（あられ切り）●柿（あられ切り、いちょう切り）●きゅうり、りんご、トマト（あられ切り）●トマト（あられ切り）、パセリ（みじん切り）●わかめ、針しょうが●しらす干し、糸切り焼きのり●しめ魚（色紙切り）、しょうが（みじん切り）

大根おろしの量は、重さで具の半分から等量が目安。大根おろし100gに三杯酢大さじ1〜2杯。

青菜のごま和え

すり鉢ですった香りのよいごまを使いますが、急ぐときは煎りごま、すりごまを使っても。

■材料（4人分）

春菊……200g
（ほうれん草、小松菜、いんげんなどでも）

〈割りじょう油〉
- しょう油……大さじ1
- だし……大さじ2
（和え衣に大さじ2、下味に大さじ1）

〈和え衣〉
- 洗いごま（黒）……大さじ2
- 砂糖……小さじ1
- 割りじょう油
（上の割りじょう油から大さじ2）

つくり方

●春菊…ゆでて3～4cmに切る

①最初に和え衣をつくります。ごまを煎り、すり鉢でペースト状になるまでよくすり、和え衣の調味料とまぜ合わせます。

②春菊に割りじょう油を大さじ1かけ、下味をつけてかるくしぼり、和え衣で和えます。

やっぱりごまは自分で煎った方がよいのでしょうか？

——じっくり煎ったごまをすり鉢でよくよくすると、びっくりするほど香りのよい和え衣ができます。いちど試してみてください。

フードプロセッサーですったり、市販のすりごまを使うと、香りも口あたりも違ったものになりますが、手軽にできます。心して摂りたいごまですから、忙しいときにはこれを使われるのもよいでしょう。

ごまの煎り方　ごまは水けや油けのない鍋で煎ります。いちどにたくさん煎ると、鍋の中で重なり合ってしまい、よく煎れません。一並べに入るくらいの量にします。

火加減を弱火にしてたえず静かにまぜていると、一粒一粒のごまが熱をもってまるまるとした形になってきます。どれをつまんでも熱い感じがするようになればよいのですが、煎りすぎても、煎りが足りなくてもよい味が出ません。比較的力の入らない親指と小指でひねってつぶれるくらいが一つの目安です。

煎ったごまは熱のあるうちに乾いたすり鉢でする。油が出るくらいまでよくすると、なめらかに。すり鉢にしめり気があると上手にすれない。

ごまを煎るのは火加減の調節のしやすい柄つきの鍋で

一鍋一並べ分だけ

白ごまはとくに焦がさないように

ごま酢和え

酸っぱいのが苦手な人でも、ごまの風味ですんなりいただけます。

■材料（ごま酢和え　4人分）

- 白菜……170g
- 人参……30g
}合わせて200g

〈割りじょう油〉
- しょう油（うす口）…小さじ1/2
- 塩……小さじ1/2
- だし……大さじ2
（1/3量を下味に、残り2/3量を和え衣に）

〈和え衣〉
- 洗いごま（白）……大さじ2
- 酢……大さじ1
- 砂糖……小さじ1
- 割りじょう油

つくり方　白菜は短冊に切って塩を入れた熱湯（湯1ℓに塩小さじ2）でさっとゆでてかたくしぼる。人参も白菜と同様に短冊に切ってさっとゆでて水をきり、これを合わせて割りじょう油の1/3で下味をつけてかるくしぼり、和え衣で和える。衣のつくり方は、青菜のごま和えと同じ、酢を加える。

水分の多いものは下味がだいじ

process

白菜は白くて厚い茎の部分と薄い葉を分ける
茎…3～4cm×1cmの短冊切り
しゃりしゃりと歯切れのよさを残すていどにゆで、ざるに上げてかたく水けをしぼる
葉…4～5cm×2cm
さっと熱湯でゆで、かるくしぼる

菜の花のからし和え

旬の青菜をからし和えでいただきます。春には菜の花の香りとほろ苦さがぴったり！

■材料（4人分）

菜の花 ………………………… 200g
〈からしじょう油〉
しょう油 …………… 大さじ1
だし …………………… 大さじ1
砂糖 …………………… 小さじ1/2
ときがらし ………… 小さじ1
（からし粉、ぬるま湯各小さじ2）

つくり方

●菜の花…洗って冷水にはなし、ピンとさせる

①まずからしをときます。からし粉を小鉢に入れてぬるま湯でかきまぜてとき、15分ほどふせておくと辛みが出てきます。水ではねばりも辛みも出ません。

……からしはぬるま湯でとく

②菜の花を塩を入れた熱湯（水1ℓに塩小さじ1）でほどよくゆで、ざるに上げてうちわで冷ましてしぼり、3〜4cmに切りそろえます。

③ときがらしに砂糖、しょう油、だしを加えてまぜ、菜の花を和えます。

＊菜の花の花の部分（薹）は、小松菜やほうれん草よりもしおれやすいものですが、冷たい水に30分ほどはなすと見違えるようになり、ゆで上がったときの味もよくなります。

からし和えに向く野菜は、どんなものがありますか。

――春は菜の花、春菊、よめ菜、つまみ菜、根三つ葉、さやもの。夏はなす、きゅうり、さやいんげん、キャベツ。秋は三つ葉、きのこ。冬は白菜、小松菜、京菜――など、旬の野菜をからしじょう油で和えるとさっぱりとしておいしいもの。菜の花と同じようにさっと下ゆでしますが、きゅうり、キャベツ、なすなどはかるく塩でもむだけでもよいでしょう。

ゆでる前に
水にはなしてピン！

もっとおいしく!!

菜の花に限っては、ゆでる前に花と茎を分けて切りそろえ、かたい茎から先に湯に入れ、花はあとから入れてゆで加減を調節する。水にはとらない。

白和え

うす味で下煮した野菜を、ごまの香りがきいた豆腐の衣で和えます。ねっとりとした口ざわりのよい和えものです。←

■材料（白和え 4人分）

こんにゃく ……… 1/2枚（120g）
人参 …………………………… 50g
干ししいたけ ……………… 3枚
（もどして約30g）
A ｛だし ……………… カップ1/3
　　しょう油、みりん 各小さじ2
〈和え衣〉
豆腐 ………………………… 200g
白ごま ……………… 大さじ2
B ｛塩 ………………… 小さじ1/5
　　しょう油（うす口）… 小さじ1
　　砂糖 ……………… 小さじ1〜2

わけぎといかのぬた

「ぬた」は酢みそ和えの一つ。わけぎなどの緑の野菜や魚介類を和えたものを、古くからこう呼びます。

エネルギー 50 kcal
塩分 0.7 g

■材料（4〜5人分）

わけぎ	150g
いか（胴）	150g
〈酢みそ〉	
みそ	大さじ2
砂糖	大さじ1
酢	大さじ1

みそ、砂糖、酢は2：1：1

＊酢は昆布をつけておいた「昆布酢」を使うと味がまるくなります。

つくり方

●わけぎ…白い部分と青い部分に分けて2つに切り、熱湯に白い方から入れ、少し遅れて青い部分を入れてさっとゆで、すぐにざるにとって冷まし、3cm長さに切る

太ねぎなら二つに裂いて使います

●いか…皮をむいて（P.120）、斜め格子状の切り目を浅く入れ（松笠）、熱湯にくぐらせて一口大の短冊に切る

いかは横方向の繊維が強いので、これを短く切ると食べやすい（横を短冊の幅にとる）

①ボウルに酢みその材料を入れて木べらでまぜ、盛りつけ直前にわけぎといかを和えます。

つくり方

●こんにゃく…3×1cmの短冊に切って下ゆでする

●人参…こんにゃくより細めの短冊に切る

●干ししいたけ…もどして軸をとり薄切り

●豆腐…沸騰した湯の中に20〜30秒入れて湯通し、布巾を敷いたざるの上にとり、冷めてから包んで水けをしぼる（もとの重さの3／4くらいまで）

豆腐はゆですぎない、しぼりすぎない。しぼりすぎるとパサパサになる

①具の材料をうす味で下煮します。刻んだこんにゃく、人参、干ししいたけを鍋に入れ、Aのだしと調味料を加えて汁けがなくなるまで煮ます。

②ごまを煎ってすり、和え衣をつくります（ごまの煎り方・すり方P.133）。しっとりするまですったごまにしぼった豆腐を加え、さらによくすり、Bの調味料を加えてなおよくすりまぜます。

③この和え衣で冷ました具を和えます。

衣が傷むので必ず冷まして和える

＊白ごまが焦げると、衣の色がわるくなります。くれぐれも焦がさないように。

豆腐は木綿か絹ごし、どちらがよいですか。

——白和えにはどちらもよいと思いますが、きめの点だけでいえば絹ごしならいっそうなめらかになります。木綿も絹もしぼったあとこし器を通しておくと、さらにきめ細かくなります。

なお、和え衣に白みそを入れて、みその香りをたのしむこともあります。Bの塩としょう油の代わりに白みそを大さじ2弱入れます。

process

豆腐のしぼり加減は…

もとの重さの3/4が目安

野菜の煮もの

食卓を豊かにし、おべんとうや常備菜にもなる名脇役たち。
いつでも何かしらが出番を待っていてくれるとありがたいですね。

里芋の含め煮

秋口にうれしい、別名〝煮っころがし〟です。
里芋のぬめりを残してお惣菜風に仕上げます。

■材料（4〜5人分）

里芋は泥つきの方が味がよい……里芋 ……………… 500g
（皮つきで700〜800g）
だし……… 芋とひたひた
（約カップ2）
しょう油 ……… 大さじ2
砂糖 …………… 大さじ2
（ゆずの皮のせん切り）

つくり方

●里芋…洗ってざるに上げ、乾かしておく

①里芋の皮を縦にむき、かたくしぼった布巾でふいてぬめりをとります。

②鍋に里芋を入れ、ひたひたのだしと調味料を加え、落とし蓋（P.71）をして中火にかけます（きせ蓋はしません）。ときどき鍋をゆすって芋を動かし、焦げつかないように注意します。

③20分ほどして芋にすっと竹串が通るほどにやわらかくなったら火を止め、冷めるまでおいて味を含ませてから盛りつけます。

＊せん切りのゆずの皮をあしらってもよいでしょう。

里芋をほっこりおいしく煮たいのですが。

——どんな大きさの鍋を使っていますか？　さっと煮る魚の煮つけとは違って、このような煮ものは、煮ようとする鍋の半分くらいまで材料がないと、どうしてもふっくりと上手に煮えないようです。大きい鍋で、底の方に少しだけ煮ても、煮汁はどんどんなくなりますし、焦げつきやすくておいしくできないのです。（P.70）

ふっくら煮える鍋の大きさ

また、里芋、かぼちゃ、さつま芋のような煮くずれしやすいものは、はじめから塩けを入れて煮ると煮くずれが防げます。ねばりも少なくなるようです。

塩けで煮くずれをふせぎます

里芋は手がかゆくなってこまります。

——かゆくなるのはあく（蓚酸）のせいですが、洗い立ての芋をぬれた手でむくと、よけいひどくなります。洗ってざるに上げて表面を乾かしておきますとずいぶん違います。今夜はお芋を…と思ったら、一食前の片づけのついでにお芋だけさっと洗って乾かしておきましょう。

芋が乾いているとむきやすい

小松菜の煮びたし

こんなに短時間にできて、食卓には立派に煮ものとして並ぶものがあるでしょうか。

エネルギー 86 kcal
塩分 1.4 g

■材料（4人分）

- 小松菜 ……… 300g
- 油揚げ ………… 2枚
- だし ……… カップ2
- しょう油（うす口） …………… 大さじ2
- みりん …… 大さじ2

つくり方

- 小松菜…3～4cmに切り、茎と葉に分ける
- 油揚げ…熱湯を通して油ぬきし、縦3つに切り、1cm幅に切る

①だしにみりんとしょう油を入れて一煮立ちさせ、つづいて油揚げを入れます。その上に小松菜の茎を加えて1～2分煮てから葉を加え、さらに2～3分煮て味を含ませ、火を止めます。

②器に盛り、煮汁をたっぷりかけて温かいうちにすすめます。

＊青菜は小松菜のほか、ほうれん草、かぶの葉、京菜、ちんげん菜、白菜などでも。ほうれん草、かぶの葉はさっと下ゆでしてから使うとよいでしょう。

かぶのそぼろ煮

ほんのりしたかぶの甘みとそぼろの旨みがとけ合ったやさしい味のお惣菜です。あつあつのかぶにそぼろあんをからませるように盛りましょう。

■材料（かぶのそぼろ煮　4人分）

- かぶ ………………… 400g
- だし ……………… カップ2
- A
  - しょう油 ……… 小さじ1
  - 砂糖 …………… 大さじ1
  - 塩 …………… 小さじ1/5
- とりひき肉 ………… 100g
- B
  - しょう油…… 大さじ1 1/2
  - 砂糖 …………… 大さじ1
  - 酒 ……………… 大さじ2
  - しょうがしぼり汁 ……………… 小さじ1
- 片栗粉 …………… 大さじ1

エネルギー 102 kcal
塩分 1.7 g

つくり方

- かぶ…茎を1～2cmほど残して切り、よく洗って皮をむく（大きければ縦半分に切る）
- とりひき肉…Bをまぜ合わせておく
- 片栗粉…3倍の水でとく

①だしにAの調味料を加えて煮立て、かぶを入れてはじめ強火、煮立ったら弱火で煮ます。

②5分ほど煮てひき肉を加え、箸でばらばらにほぐします。煮立つまでは強火、あくをとって弱火にし、20分ほど煮ます。

③水とき片栗粉でとろみをつけ、熱いところを器に盛ります。

とろみづけってほんとにむずかしい！ だまにならない方法があるのでしょうか？

──片栗粉は3～4倍の水でゆるめにときます。かぶのそぼろ煮のようにまぜにくいものは弱火にし（いったん消してもよい）。一カ所に固まらないように鍋をゆすりながら、少しずつ入れましょう。鍋の中のとろみ加減を見ながら、入れる量を調節します。ちょうどよいとろみ加減になったら、もういちど煮立てて片栗粉にしっかり火を通します。

エネルギー 54 kcal
塩分 1.5 g

■材料（4〜6人分）

たけのこ（ゆでたもの）
…………………………400g
（皮つきなら約800g）
わかめ（乾約6g）
……………………戻して80g
だし……………… カップ2½
みりん…………… 大さじ2½
しょう油（うす口）
…………………… 大さじ2½
（木の芽）

若竹煮

海のわかめと山のたけのこが炊き合わされて持ち味を生かしきる…、日本ならではの早春の一皿です。

つくり方

●たけのこ…穂先は長さ5㎝くらいを縦に放射状に切り、ほかの部分は1㎝厚さの半月切り、またはいちょう切り
●わかめ…かたいすじをとって3㎝ほどに切る

①だしに調味料を入れて火にかけ、一煮立ちしたら、たけのこを入れ、落とし蓋（P.71）をして弱火で約30分煮含めます。
②わかめを加え一煮立ちさせて、火を止めます。落とし蓋をはずし、きせ蓋をして味を含ませます。
③煮汁とともに盛り、木の芽をあしらいます。

どんなたけのこでも下ゆでが必要ですか？

——たけのこは掘ってから時間がたつにつれてかたくなり、えぐみが増してくるものです。掘り立てのやわらかいたけのこなら、下ゆでせずに調理しますが、そのほかのものは下ゆでが必要でしょう。

「朝掘り」とあっても、市場を通ったものは下ゆでします。

米ぬかを入れてゆでるのは、早くやわらかくなることと、えぐみの元の蓚酸が水だけの場合より多くとけ出すからです。米ぬかがないときは米のとぎ汁でも代用できます。

水の上にたけのこが出ていますと、そこに苦みがよりますから落とし蓋はしっかりします。落とし蓋の上にお皿をのせて重しにすることもあります。

保存は水につけたまま冷蔵庫（凍らない所）に入れ、毎日水をとりかえます。

process たけのこのゆで方

1 身にきずがつかないように、皮だけに縦に1本、切り目を入れる

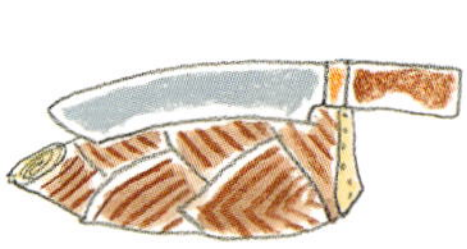

2 根元の皮を3〜4枚はがし、先を斜めに切り落とす

3 竹串をさしてゆで加減をみる

たけのこの下ゆで （材料）

たけのこ
ゆで水 …たけのこがとっぷりつかるほど
米ぬか …………ゆで水の1〜2割（かさで）
（糠がないときは米のとぎ汁で）
赤唐辛子 ……………………………1〜2本
＊糠水でゆでると吹きこぼれることがあるので、たけのこと水が入って七分目ほどの大鍋で、静かに煮える火加減を保ちます。

たけのこのゆで方

1 たけのこは、皮だけに縦に1本、包丁目を入れ、穂先を斜めに切り落とします。これを丸ごと大きめの鍋に入れ、とっぷりつかるまで、水をそそぎ、米ぬかと赤唐辛子を加え、たけのこが水の上に出ないように落とし蓋をして強火にかけます。

2 煮立ったら、静かに煮えつづけるほどの火加減に落として、根元に竹串がすっと通るようになるまで、1時間ほどゆでます。

3 火を止めたら蓋をしたまま冷めるまでおきます（その間にあくがぬける）。すっかり冷めたら水にとってぬかを洗い落とし、姫皮を残して包丁目から皮をむきます。縦割りにして含み水やあくなども洗い流し、水にさらします。

エネルギー 18 kcal
塩分 0.8 g

ふきの含め煮

春の野の野菜。うす味の汁を多めに残して火を止め、ゆっくりたっぷり煮汁を吸わせます。

■材料（4人分）

ふき	250g
（ゆでて皮をむいたもの約200g）	
だし	カップ1
しょう油	小さじ1
塩	小さじ1/3
砂糖	小さじ2
みりん	小さじ2

process
ふきのゆで方
しなやかに曲がるようになったらすぐに水にとり、皮をうすくむく

つくり方

●ふき…下ゆでして皮をむき、4cmくらいに切る

①鍋にだしと調味料を入れて煮立てた中にふきを入れ、落とし蓋をして中火にかけます。

②煮汁がほぼ1/3量になるまで煮て、火を止め、そのまま冷まして味を含ませます。

ふきの下ゆでの仕方

1 ふきは葉を切り落とし、ゆでる鍋の大きさに合わせて切ります。

2 まな板の上で塩一つかみ（約大さじ2）をふりかけて板ずりにします。

3 たっぷりの熱湯に入れ（鍋蓋はしません）、強火で2分ほどゆでたら1本とり出してようすを見ます。しなやかに曲がるようになったら（写真）すぐに水にとり、太い方から皮をうすく引きます。

＊ゆですぎると香りも歯ざわりも損なわれますから、ゆで加減に気をつけます。

ふきの青煮

ふきの青さを生かす煮方です。煮ものに盛り合わせたり（写真P.79）、白酢和えに入れたり。

●ふき200g（ゆでて皮を引いたもの）／だしカップ1／砂糖大さじ1／みりん大さじ1／塩小さじ1/2

つくり方　調味した煮汁で、ふきを4～5分煮てとり出し、煮汁だけ1/3量に煮つめて冷まし、冷めた煮汁にふきを戻して味を含ませます。

エネルギー 45 kcal
塩分 0.8 g

なすの茶せん煮

静かにゆっくり気長に煮ます。あつあつでも冷やしてでも、どちらでもおいしい一品です。

■材料（5人分）

なす	中5個（約400g）
だし	カップ1
しょう油	大さじ1
塩	小さじ1/4
砂糖	大さじ1
みりん	大さじ2

process
茶せんの切り方
包丁の角を使い下の方から上に向かって切り込む

つくり方

●なす…茶せんに包丁を入れて水にさらす（茶せんの切り方参照）

①鍋にだしと調味料を合わせて火にかけ、煮立ったところに茶せんに包丁を入れたなすを一並べに入れ、かるい落とし蓋ときせ蓋をします。煮立つまでは強火、そのあとはできるだけの弱火でおよそ30～40分、煮ます。

②なすが芯までほろりとするほどやわらかになったら火を止め、深めの皿に盛り、煮汁をかけます。

＊さっとゆでたさやいんげん、さやえんどうなど彩りよく盛ると食欲をそそります。

＊煮汁は最初からなすの2/3ほどしかありません。落とし蓋ができなければ、煮汁をときどきなすの上にかけながら煮ます。いったんは褪せたような色になりますが、なす色がうつった煮汁でじっくり煮ているうちに、渋く光るような色に戻ります。

茶せんの切り方

なすはへたのひらひらをとって、縦に3～5mm間隔で包丁目をぐるっと入れます。包丁の元の角を使って、下の方から上に向かって切り込んでいきますと、いくらでも細かく、きれいに切れます。

ふろふき大根

■材料（4人分）

大根 … 600g（皮つきで約800g）
昆布 ………………… 5cm角4枚
米 ……………………… 大さじ1
〈ゆずみそ〉1単位
- 赤みそ ………………… 50g
- 白みそ（西京みそ）……… 50g
- 砂糖 ………………… 大さじ1
- みりん ……………… 大さじ2
- だし ……………… カップ1/2
- ゆずの皮（おろしたもの） ……………… 約小さじ1/2

「風呂吹き」の名の由来は諸説あるようですが、「あつあつの湯気の立つものを吹き吹き食べる」ことに異論はないようです。キッチンも体も温まります。

つくり方

●大根…中ほどのよいところを厚さ3cmの輪切りにし、皮を厚めにむき、面とりして片側に十文字のかくし包丁を入れる

●米…ガーゼで包むかお茶袋に入れる

長い間煮るときは、鍋の中の状態に合わせて何度も火加減を調節 ……

①大きい鍋に大根を並べ、ところどころに昆布と米を入れ、かぶるほどの水を加えて火にかけます。昆布は爪が立つくらいになったらとり出し、大根がごくごくやわらかくなるまでおよそ1〜1・5時間、あまりつよくない火で、静かにゆっくりと煮ます。

ゆずみそのつくり方 ……

②大根を煮ている間にゆずみそをつくります。ゆずの皮以外の材料を合わせて弱火にかけ、焦げないように気をつけながら、木べらで練って煮つめ、少しやわらかめのところで火からおろし、ゆずの皮のすりおろしをまぜ、冷めないようにしておきます。

③温めた器にあつあつの大根を盛り、煮汁大さじ2〜3杯ずつかけ、温かいゆずみそをのせます。

process かくし包丁

火の通りや味のしみ込みをよくしたいときに。
端まで切らずに包丁の先で十文字に中央に切り目を入れると、形がくずれず盛りつけやすい。

母をまねてふろふきを炊くのですが、やわらかさも味もいまいちです。

——こういったシンプルな料理こそ素材がだいじです。大根の選び方はむずかしいのですが、旬、種類（P.75）、鮮度などはチェックできますね。すが入ったものはいくら煮てもやわらかにならないので、ふろふきには向きませんが、これは切ってみてはっきりすることです。米をいっしょに入れて炊くと甘みが加わり、大根の苦みも和らぎます。

また、煮上げたあと、煮汁から出しておくとそれだけでもすじっぽくなるので、盛りつけるまで煮汁から出さないようにしましょう。

process 煮しめの材料の重ね方

鍋の中にこんな順番で重ねます

野菜の煮しめ

一鍋で煮て、味もしみて姿もくずれず、おいしく煮上がる方法です。お正月にもどうぞ。

つくり方

- ごぼう…皮をこそげて0・7〜1cm厚さの斜め切りにし、酢水につける
- 人参…1cm厚さの斜め切り
- 里芋…洗って泥を落とし、少し乾いてから皮をむき、布巾でふいて、大きかったら縦2つに切る
- 干ししいたけ…戻して軸をとり、半分にそぎ切りにする
- 京がんも…湯通しする
- 昆布…水に浸し、結び昆布にする（P.84）

■材料（6人分）

ごぼう……………………… 200g
人参………………………… 200g
里芋 …………… 400g（8〜10個）
干ししいたけ
……………3〜4枚（戻して50g）
京がんも…………5〜6個（250g）
昆布 ………… 2〜3×15cmを8枚
煮干し ……………………… 15g
水…………………… カップ$3\frac{1}{2}$
（しいたけ戻し汁、昆布のつけ汁を含めて材料にひたひた）
しょう油…………… 大さじ2〜3
塩……………………… 小さじ$\frac{2}{3}$
砂糖………………… 大さじ1〜2
みりん ………………… 大さじ1
＊塩を入れるのは色を濃くしないため、うす口しょう油大さじ3〜4なら塩はいりません

①深めの鍋に頭と腹を除いた煮干しを敷き、その上に結び昆布、ごぼう、しいたけ、里芋を一面に、最後に人参を重ねて並べます。

②砂糖、塩、しょう油、みりんをふり入れ、戻し汁を含めた水を材料とひたひたになるまでそそぎ、蓋をして強火にかけます。

材料がおどらない火加減で……

③沸騰したら野菜がおどらない火加減に落とし、野菜をくずさないように気をつけながら煮つづけます。鍋が大きいと材料がおどるので、落とし蓋をします。

④15分ほど煮たら、京がんもをのせ、また10分ほど煮ます。

⑤最初から25分くらい煮て、人参がやわらかくなっていたら、落とし蓋をとって火からおろします。きっちりと蓋をしたまま冷まし、味がしみ込むまでおきます。

＊材料はこのほかに、こんにゃく、蓮根、焼き豆腐、厚揚げなどを使ってもよいでしょう。また煮干しを使う代わりに、水の量をかつおだしにしてもよいでしょう。

きれいに煮上げるコツは何でしょうか？

——火を止めるまで、鍋返しはもちろん、鍋の中をかきまわしたりもしません。そっとそのまま煮るので、くずれずに仕上がります。焦がさないよう、材料がおどらないよう、火加減には注意してください。

また、濃い色の煮しめにならないように、しょう油をひかえて塩を使うので色も淡く仕上がります。

高野豆腐の含め煮

■材料（4人分）

高野豆腐 …4枚（乾約60g）

〈煮汁〉

だし	カップ3
砂糖	大さじ4
塩	小さじ$2/3$
酒	大さじ2

しょう油 ……小さじ1

＊浅鍋（高野豆腐を重ねずに並べられる鍋がぐあいがよい）

口に含むとうす味のおいしい汁が、きゅっとこぼれるように出てくる高野豆腐の含め煮です。

つくり方

●高野豆腐…湯に浸けて戻す（「戻し方」参照）

①鍋に煮汁を煮立たせ、戻した高野豆腐をしっかりしぼって入れ、落とし蓋ときせ蓋（P.71）をして弱火で20分静かに煮含めます。

②煮汁にしょう油を落として全体に含ませ、火を止めます。落とし蓋をはずし、きせ蓋をしたまま味を含ませます。盛りつけに合わせて適当な大きさに切ります。

＊冷凍保存もできるのでおべんとうにも便利ですし、野菜のお煮しめと盛り合わせてもよいでしょう。また盛りつけ用のサイズに切ってから煮てもかまいません。

戻し方がわるいのか、味に納得できません。

――煮汁に入れるとき、戻した高野豆腐をしっかりしぼることが急所です。なお、近年は戻し不要で乾いたままを煮汁に入れて煮含めるものもずいぶんおいしくなりました。戻す手間が省けますので、忙しいときには便利でしょう。

高野豆腐の戻し方

1 蓋のできる鍋かボウルに高野豆腐4枚分として80℃くらいの湯を6カップ用意します（5カップの湯を煮立たせて火を止め、1カップの水を加えるとちょうどよい温度です）。

2 高野豆腐を1の湯に入れ、手早く裏返し少し押して湯を中までしみ込ませ、落とし蓋ときせ蓋をしたまま冷まします。

3 30分ほどおくとすっかりふくれてやわらかく戻っています。やわらかくなった高野豆腐をたっぷりの水にとり、1個ずつ手のひらにはさんで水中で「押してはなす」をくり返して洗います。とちゅう、何度か水をとりかえ、水が濁らなくなったらざるに上げて水をきります。

process

高野豆腐の戻し方

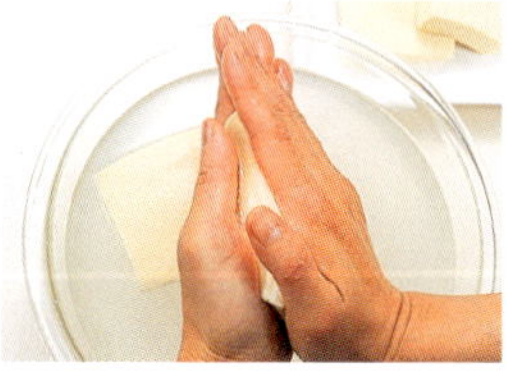

こんにゃくの旨煮（手綱こんにゃく）

手綱《たづな》結びの仕方を覚えておくと、お正月のお煮しめ、煮魚のつけ合わせなどにも便利です。

材料　こんにゃく1枚（約250g）／だしカップ1／しょう油大さじ1 $1/2$／砂糖大さじ$1/2$／みりん大さじ1

つくり方

●こんにゃく…味がしみやすいように塩もみ（P.84）してから手綱に結び、熱湯を通して水洗いする

鍋にだしと調味料を入れ、こんにゃくを加えて火にかけ、ときどき鍋返し（P.71）をしながら、弱火で気長に、汁けがほとんどなくなるまで煮る。

process

手綱結びの仕方

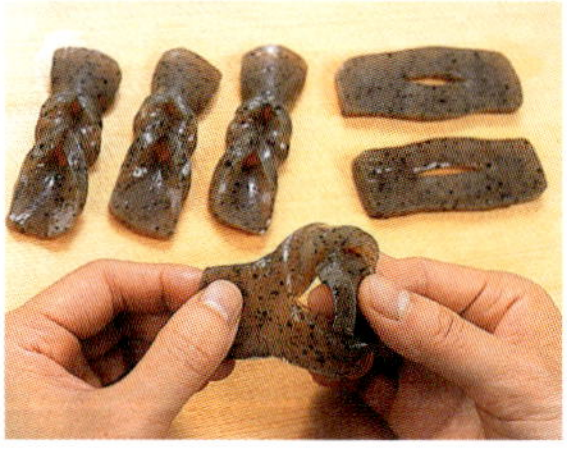

こんにゃくを5～8mm厚さの短冊に切り、中央に長さの1/3の切り目を入れて、片端を切り目にくぐらせて返す

五目煮豆

からだにいい大豆と根菜をとり合わせて、どっさり煮ておく昔ながらのおかず。甘さひかえめで、万人向きのレシピです。

エネルギー 96 kcal
塩分 0.6 g

■材料（4人分）

大豆（乾）…カップ1（約150g）
ごぼう……………………… 50g
人参………………………… 50g
蓮根………………………… 50g
こんにゃく………………… 50g
昆布 ……………5cm角4枚分
しょう油…………… 大さじ2
砂糖 …………… 大さじ3 ½

つくり方

●**大豆**…3倍の水に3時間以上、できれば一晩浸し、浸し水ごと火にかけ、やわらかくなるまで約40分ゆでる。（五目豆の大豆は塩を入れずにゆでる。大豆のゆで方P.127）ゆで大豆を使う場合は約300g

●**昆布と野菜**…昆布は水に浸してしんなりさせ、野菜は皮をむき、すべて大豆に合わせて1cm角に切る。ごぼうと蓮根は切ったら酢水につけてあくをぬき、こんにゃくは切ってからさっと湯通ししておく

①ゆで大豆（ゆで汁はひたひた、少なければ水を足す）に昆布とごぼう、こんにゃくを入れ、10分ほど蓋をして煮ます。

②つぎに人参、蓮根を加え、煮立ったら砂糖、しょう油を入れ弱火にして野菜がやわらかくなるまで煮て火を止め、そのままきっちり蓋をして味を含ませます。

process
五目煮豆の材料

野菜は大豆と同じくらいの大きさに切る。左上から大豆、人参、蓮根、昆布、ごぼう、こんにゃく

きんぴらごぼう

ごぼうのシャキッとした歯ごたえと香りは、おそうざいにもおべんとうにも魅力です。こんにゃく、人参、じゃが芋、蓮根、セロリ、うどなどでも。

エネルギー 38 kcal
塩分 0.7 g

■材料（4人分）

ごぼう ……………… 200g
しょう油 ……… 大さじ1
砂糖 ………… 大さじ½
酒 ……………… 大さじ1
水 ……………… 大さじ2
赤唐辛子 ………… 小1本
サラダ油 ……… 大さじ1

つくり方

●**ごぼう**…斜め薄切りにしてせん切り、またはささがき（P.27）。水にはなしてあくをとり、ざるに上げる

●**赤唐辛子**…種をとり薄い小口切り

①鍋に油を入れ、よく熱してから、ごぼう、赤唐辛子を入れ、中火で炒りつけます。

②ごぼう全体に油がまわったら、水をふり入れて炒め、蓋をして弱火でごぼうがやわらかくなるまで煮ます。

③砂糖を入れ、つぎに酒、しょう油を入れ、炒めながら味をなじませます。……きんぴらばかりはちょっと濃いめがおいしい

＊ごぼうの香りと煎りごま（白）、粉ざんしょう、七味唐辛子などの香味がよく合います。火を止めてから、または盛りつけてふります。

ごぼうに人参（50〜100g）をとり合わせてもおいしいもの。増やした分だけ調味料も同じ割合で増やします。

エネルギー 86 kcal
塩分 0.7 g

五目酢炒り

■材料（1単位）

ごぼう	200g
人参	100g
蓮根	100g
干ししいたけ	4枚（戻して約50g）
しらたき	1玉（200g）
しょう油	大さじ2～3
砂糖	大さじ1
酒	大さじ2
酢	大さじ2
サラダ油	大さじ3

紅白なますが苦手な人でも、油炒めしてから酢を加える「酢炒り」には「これなら○《マル》！」の声が。日保ちするおかずなのでお正月などにたくさんこしらえておくと重宝します。

つくり方

- **ごぼう・人参**…長さ約4㎝、マッチ棒くらいの細さに切る（または、ささがき）
- **蓮根**…薄い小口切り（太いものは半割りか4つ割り）
- **干ししいたけ**…戻して軸をとり、せん切り
- **しらたき**…熱湯を通し、5～6㎝長さに切る

①鍋に油を熱し、まずごぼうをよく炒め、つぎに人参、蓮根、しいたけ、しらたきを入れて炒めます。

②野菜に油がなじみしんなりしてきたら、砂糖と酒、しょう油を加え、あまり強くない火で炒めながら材料に味をなじませます。

③火からおろす間際に酢を加えてよくまぜ、味を含ませて火を止め、蓋をしてしばらくむらします。

エネルギー 135 kcal
塩分 2.1 g

切り干し大根と油揚げの煮もの

■材料（4人分）

切り干し大根	乾50g（戻して約200g）
油揚げ	2枚
人参	50g
しょう油	大さじ3
砂糖	大さじ1
水	カップ1 ½（切り干し大根のつけ汁を半量まで加えるとよい）
サラダ油	大さじ1

初めて食べてもなぜかなつかしい切り干し大根。煮ものにしてたっぷりどうぞ。

つくり方

- **切り干し大根**…洗って戻し（つけ汁はとりおく）、水をしぼって5～6㎝長さに切る
- **人参**…3～4㎝長さの細切り
- **油揚げ**…熱湯を通して小口から細く切る

①鍋に油を熱して、戻した切り干し大根を炒めます。切り干し大根全体に油がまわったら、人参と油揚げを入れてなおよく炒め、水とつけ汁を加えます。

②煮立ってきたら、砂糖としょう油を入れ、中火でときどき上下を返しながら、煮汁がほとんどなくなるまで、15分ほどゆっくりと煮ます。

process

切り干し　戻す前

戻したあと

切り干し大根の戻し方とあつかい方

水で戻す　切り干し大根は水を変えて2～3回洗ってから、ひたひたの水に10分ほどつけて戻し、水をしぼって、切ります。つけ汁は切り干し大根の旨みが出ているので、捨てずに使いますが、つけ汁だけでは味がくどくなりすぎるので、水と半々にします。

湯通しする場合　火を通さない和えものには、戻したあと、さっと熱湯を通して使います。

＊戻すと重さが4～5倍に増えます。

エネルギー 85 kcal
塩分 1.5 g

ひじきと油揚げの煮もの

常備菜としてつくっておくと、一品足りないときに便利。思いきって1袋分つくって半分冷凍してもよいでしょう。

■ 材料（6人分）

- 長ひじき …乾30g（戻して約150g）
- 油揚げ ………………………………1枚
- 糸こんにゃく ……1/2袋（約100g）
- しょう油 …………………… 大さじ3
- 砂糖 …………………………… 大さじ1
- 水（またはだし）…………1/2カップ
- サラダ油 ……………………大さじ1

process
ひじきの戻し方

たっぷりの水を入れたボウルにひじきを入れてかき混ぜ、両手ですくって別のボウルに移す。水をかえてごみや砂をとり、再度新しい水に浸して20分おき、ざるに上げる。

つくり方

- ●長ひじき…戻して（写真）4～5cm長さに切る
- ●油揚げ…熱湯を通して縦半分にし、5mm幅に切る
- ●糸こんにゃく…さっとゆで4～5cm長さに切る

①鍋に油を熱し、ひじきを入れて中火でよく炒め、油がまわったら油揚げと糸こんにゃくを加えて、さらに炒めます。

②一通り全体に油がなじんだら、まず砂糖を加え、つぎにしょう油を加えて、最後にだしを入れます。

先に味をつけてだしを加えると、調味料の吸収がよくなります

③中火でゆっくりと煮汁のなくなるまで煮て、味をみて火を止めます。
できたての熱いときは多少うす味くらいの方が、食べるときにちょうどよい味になっています。

＊人参、蓮根などをとり合わせるときは、ひじきより先に炒め、だしも多く入れます。

＊削りがつお、ごまなどを加えても風味が出ておいしいものです。

エネルギー 32 kcal
塩分 1.1 g

すき昆布の土佐煮

すき昆布は刻んだ昆布をうすくすいて乾燥させたもの。戻りが早く、気軽に使えておすすめの食材です。

■ 材料（1単位）

- すき昆布 …1枚（25g）
- しょう油 …… 大さじ3
- 砂糖 ………… 大さじ3
- 酢 …………… 大さじ2
- 煎りごま（白） 大さじ2
- 削りがつお ……… 5g

つくり方 すき昆布は5cm角に切り、さっと洗って鍋に入れカップ1の水に10分ほどつけておく。つけ水ごと火にかけて調味料を入れ汁がなくなるまで煮る。から炒りした削りがつおと煎りごまをまぜる。

＊ごまを包丁で刻んで入れるとさらに香りが立つ（切りごま）。

エネルギー 82 kcal
塩分 1.8 g

ひじきときくらげの佃煮風

乾物のぷつっとした歯ごたえ、かつお、ごまの風味があとを引くおいしさです。

■ 材料（1単位）

- ひじき（乾） ……… 40g
- きくらげ（乾） …… 30g
- 削りがつお ……… 30g
- 洗いごま（白）… 大さじ3
  - しょう油 …… 100ml
  - 砂糖 …………… 50g
  - みりん ……… 40ml
  - 酒 …………… 50ml

つくり方

- ●ひじき…戻して（写真）3cm長さに切る
- ●きくらげ…水で戻して細かくざく切り
- ●削りがつお…から煎りして細かくもみほぐす
- ●白ごま…煎って半ずりに

鍋にひじきときくらげ、調味料を入れて蓋をし、中火で10分煮て削りがつおを加え、鍋底に煮汁が残らないていどにかきまぜながら汁けをとばし、白ごまを入れます。

＊からからに炒り上げずに、しっとり感が残るくらいで火を止める方が、日がたってもおいしい。

うの花炒り

おから(うの花)は安くて、豆腐にはない食物繊維がたっぷり。ここではあさりの旨みを加えましたが、むき身の代わりにひき肉、いか、むきえび、桜えびなど、また、すきやき、煮魚をいただいたあとの煮汁を利用するのもよいでしょう。

■材料 (1単位)

- おから(うの花)………200g
- あさりのむき身…70～100g
- A
  - しょう油…………大さじ1
  - 砂糖………………大さじ1
  - 酒…………………大さじ1
- 人参 ……………………30g
- 干ししいたけ2枚
  ……(またはきくらげ7g乾)
- 長ねぎ ………1本(約100g)
- だし ……………カップ1 1/2
- しょう油……………大さじ1
- サラダ油……………大さじ3

エネルギー 90 kcal
塩分 0.8 g

process

おから　生のとき

さらさらになったもの

つくり方

- あさり…ざるにとってふり洗いし水けをきる (P.122)
- 人参…2～3㎝長さの細切り
- 干ししいたけ…戻して軸をとり細切り
- 長ねぎ…薄い小口切り

①Aの調味料を煮立たせ、むき身を入れ、煮汁をからめながら手早く煮上げ、むき身だけひき上げます。この煮汁に人参としいたけを入れて煮ておきます。

②厚手の浅鍋に油を熱しておからを入れ、かたまりがなくさらさらになるまで、弱火で気長に炒ります(写真)。

③この中にだし、しょう油、ねぎ、煮ておいたあさりなどの具を汁ごと加えながら、さらに4～5分炒め、しっとりと炒り上げます。

このしっとりの加減は好みもありますし、おからの質によってもかわります。だしの分量で加減してください。

＊とき卵1個分を最後に加え炒り上げてもよいでしょう。

＊針しょうがをそえても。

かぼちゃの甘煮

辛い味に飽きたときの箸休めやおべんとうに、甘い味があるのはうれしいもの。さつま芋だけの甘煮も同じようにつくります。

process

かぼちゃの皮

まだらに皮をむくと味がしみやすく見た目もきれい

エネルギー 80 kcal
塩分 0.3 g

■材料 (1単位)

- かぼちゃ …………200g
- 砂糖…………大さじ1 1/2
- 塩…………………小さじ1/5

つくり方

- かぼちゃ…種とわたをスプーンでかきとり、3～4㎝幅のくし形に切り、面とり (P.29) する。皮をところどころむく。

①鍋にかぼちゃとひたひたの水、調味料を加え、やわらかくなるまで煮ます。最初は強火、煮立ったら中火にし、蓋はしません。

②煮汁が少なくなってきたら、焦げないように気をつけながら中まで火を通し、汁けをとばし火を止めます。

甘煮をするときの調味料の出し方は

――甘煮は「100gにつき砂糖大さじ1弱、塩一つまみ」と覚えます。かぼちゃでもさつま芋でも、調味料の割り出しがかんたんにできますから、材料を半端に残したりせずにすみます。みりんを加えれば上品なてりも出て、しっとりとします。

さつま芋とりんごの甘煮

レモン汁のような酸味料を少量加えて煮ると、あざやかな色に仕上がります。皮を厚くむく必要はありません。

つくり方

かぼちゃの甘煮とつくり方はほぼ同じです。さつま芋（皮をピーラーで薄くむき、2cm厚さの輪切りにして水につける）、りんご（縦3～4に割って、厚さ1cmのいちょう切り）、砂糖、塩、レモン汁、ひたひたの水を入れてやわらかくなるまで煮（最初は強火であと中火に）、最後は汁けをとばして火を止めます。

■材料（1単位）

- さつま芋 …… 200g
- りんご ……… 1/2個
- レモン汁 … 小さじ1
- 砂糖 … 大さじ2～3
- 塩 ……… 小さじ1/5

エネルギー 131 kcal
塩分 0.3 g

うずら豆の甘煮

手づくりの煮豆が「どうぞつまんでください…」と顔を出している食卓って憧れませんか？ つくり方は金時豆、とら豆、白いんげん豆など、みな同じです。

process

ゆでこぼす

やわらかさをみる

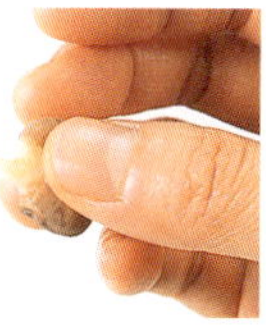

つくり方

●豆…よく洗って3倍の水に7～8時間つけておく（P.127）

①豆をつけ汁ごと中火にかけ、煮立ってきたら、いちどざるに上げてゆで汁を捨てます（写真右）。

②ふたたびかぶるくらいの水を加えて強火にかけ、煮立ったら火を弱め、豆がおどらないていどのごく弱い火加減でゆっくりと煮ます。新豆なら小1時間ほどです。

③豆を指先でかるく押してみて、つぶせるくらいやわらかくなったら（写真）、砂糖を加えて、砂糖がとけたら、塩を加えます。

④塩を入れてから5分ほど煮て火を止め、蓋をして豆に味を含ませます。

＊豆がちょうどよいやわらかさになったとき、まだ煮汁が多すぎるようだったら、汁を小鍋にとって汁だけ煮つめてから豆を戻します。豆といっしょに煮つめてはかたくなったり、煮くずれたりしやすいのです。

＊いんげん豆の種類はいろいろで、白いんげん豆、赤いんげん豆、とら豆、うずら豆、金時豆、紫花豆などがあり、どれもあくが強いので①のようにいちどゆでこぼします。

■材料（1単位）

- うずら豆（乾豆）… 300g（約カップ2）
- 水 ………………… カップ6（豆の3倍）
- 砂糖 ……………………… 100～150g
- 塩 ………………………… 小さじ2/3

エネルギー 65 kcal
塩分 0.2 g

野菜(酢のもの、和えもの)

	材料		酢	しょう油	塩	砂糖	だし	ごま	その他	備　考	詳しくはこちら
酢のもの(きゅうりもみ)	300g	三杯酢	大さじ2	小さじ2	板ずり用小さじ3/5、塩水用小さじ1弱	小さじ2	小さじ2	—	—	三杯酢は酢:醤油=3:1 二杯酢は酢:醤油=2:1	p. 130
あちゃら	200g	甘酢	大さじ2	—	下味用小さじ1弱(2%)	大さじ1	大さじ1	—	赤唐辛子	—	p. 131
おろし和え	200g	—	大さじ1	小さじ1/4	小さじ1/4	小さじ3/4	—	—	大根おろし100g	—	p. 132
おひたし	200g	割りじょう油	—	大さじ1	—	—	大さじ2	—	—	—	p. 124
からし和え	200g	—	—	大さじ1	—	小さじ1/2	大さじ1	—	ときがらし小さじ1	—	p. 134
ごま和え	200g	割りじょう油	—	大さじ1	—	—	大さじ2	—	—	割りじょう油の1/3は下味に 2/3は和え衣に	p. 133
		和え衣		—		小さじ1	—	大さじ2			
ごま酢和え	200g	割りじょう油	—	小さじ1/2	小さじ1/2	—	大さじ2	—	—	割りじょう油の1/3は下味に 2/3は和え衣に	p. 133
		和え衣	大さじ1	—	—	小さじ1	—	大さじ2			
酢みそ和え	300g	—	大さじ1	—	—	大さじ1	—	—	みそ大さじ2	—	p. 135
白和え	200g	下煮用	—	小さじ2	—	—	カップ1/3	—	みりん小さじ2	—	p. 134
		和え衣		小さじ1	小さじ1/5	小さじ1〜2	—	大さじ2	豆腐200g		

つゆ

	水	しょう油	みりん	けずり節	昆布	備　考	詳しくはこちら
めんのかけ汁	カップ5強	カップ1/4	カップ1/4	20g	5cm角3枚	4人分	p. 67
めんのつけ汁	カップ1	カップ1/4	カップ1/4	6g	5cm角1枚	3人分　水を入れずにまとめてつくれば万能だしに	p. 67
てんつゆ	カップ1	カップ1/4	カップ1/4	3g	5cm角1枚	4人分	p. 102

割りした(鍋もの)

	水(昆布水)	しょう油	塩	みりん	酒	砂糖	備　考	詳しくはこちら
寄せ鍋	カップ4〜5	大さじ1	小さじ2/3	大さじ1	大さじ2	—	4人分	p. 81
すきやき	カップ1	大さじ4	—	みりんまたは酒大さじ2		大さじ1 1/3	2〜3人分 しょう油:酒(みりん):砂糖=1:1/2:1/3	p. 83
おでん	2ℓ	大さじ4	大さじ1	—	大さじ4	大さじ4	材料2kg(4人分)に対して。うどんすきにも	p. 84

たれ、あん、つけ汁

	だし(水)	しょう油	塩	みりん	酒	砂糖	酢	片栗粉	その他	詳しくはこちら
練りみそ	カップ1/2	—	—	大さじ2	—	大さじ1	—	—	赤みそ50g 白みそ50g	ふろふき大根に p. 140
ごまソース	水約カップ1/2	—	小さじ2/3	—	—	大さじ1 1/2	大さじ1	—	芝麻醤大さじ4 ごま油大さじ1 豆板醤大さじ1/2	蒸しどりに p. 88
うす葛あん	カップ1	うす口小さじ2	—	小さじ2/3	—	—	—	小さじ1	—	卵豆腐に p. 88
甘酢あん	昆布水大さじ5(水でも)	大さじ5	—	—	—	大さじ3〜5	大さじ5	小さじ2	—	
野菜あん	水+戻し汁カップ1 1/2	大さじ1	小さじ1/3	—	大さじ1	大さじ1	大さじ1	大さじ1	せん切り野菜計250〜300g	魚のから揚げに p. 110
南蛮漬け	—	大さじ2	—	—	大さじ1	大さじ1	大さじ3	—	長ねぎ、人参、赤唐辛子	

味の型紙
(調味料の配合表)

本の中から味つけの基本になる料理を選んで表にまとめました。横にみるだけでなく、上下と比べてみるとその料理の味の特長がつかめます。

この型紙にあてはめれば、レシピと違う材料を使うときでも、いつもと違う人数分をつくるときにも、らくに応用できます。

ご飯

料理名	米	水	塩	しょうゆ	酒	その他	備考	詳しくはこちら
塩味ご飯	カップ3	2割増	小さじ1 1/2	—	大さじ2	青豆など カップ1	水加減は酒を含めて	p.36
さくらご飯	カップ3	1割増	—	大さじ2	大さじ3	—	水加減は酒、しょうゆを含めて	p.35
白がゆ	カップ1	カップ5	小さじ1/2	—	—	—	全がゆの場合	p.44
炊き赤飯	もち米 カップ3	2割減	小さじ2/3	—	—	ささげ カップ1/3	水加減はささげのゆで汁を含めて	p.37

	米	水(昆布のつけ汁)	酢	砂糖	塩	酒	備考	詳しくはこちら
酢めし	カップ1	カップ1	—	—	—	小さじ2	水加減は酒を含めて	p.47
(合わせ酢)	—	—	大さじ1 1/3	小さじ1	小さじ1/2	—	酢は米のかさの1割	

魚・肉(煮もの、焼きもの)

	材料	しょうゆ	砂糖	みりん	酒	水	みそ	その他	備考	詳しくはこちら
魚の煮つけ	400g	大さじ4	大さじ1	—	大さじ4	カップ2/3	—	—	—	p.77
みそ煮	魚 約300g	大さじ1	大さじ2	—	大さじ1	カップ1/2 カップ1/4	— 大さじ3	—	—	p.80
蒲焼き	魚 300g	大さじ3	大さじ1	大さじ2	大さじ1	—	—	小麦粉 サラダ油	0.5%のうす塩をする	p.95
照り焼き	魚または肉 300g~350g	大さじ3	大さじ1	大さじ2	大さじ1	—	—	小麦粉 サラダ油	0.5%のうす塩をする	p.93.94
しょうが焼き	豚肉 300g	大さじ3	—	大さじ1	大さじ2	—	—	しょうが汁 小麦粉・油	—	p.96
粕漬け(みそ風味)	魚切り身 300g	—	—	カップ1/2	—	—	60g	酒粕 150g	1.5~2%の塩をする	p.92

卵(焼きもの、蒸しもの)

	卵	だし	塩	しょうゆ	砂糖	その他	備考	詳しくはこちら
厚焼き卵	1個	大さじ1	一つまみ	1~2滴	小さじ1	サラダ油	酒を少量加えるとよりおいしい	p.99
薄焼き卵	1個	—	一つまみ	—	小さじ1/3	サラダ油	—	p.98
茶碗蒸し	大2個	カップ2	小さじ2/3	小さじ2/3	小さじ2/3	—	卵:だし=1:3~4	p.85
卵豆腐	3個	カップ1	小さじ1/2	—	—	—	卵:だし=1:1	p.88

野菜(煮もの)

料理名	材料	だし(水)	しょうゆ	塩	砂糖	みりん	酒	その他	詳しくはこちら
煮びたし	300g	カップ2	大さじ2	—	—	大さじ2	—	—	p.137
含め煮(里芋)	500g	約カップ2	大さじ2	—	大さじ2	—	—	—	p.136
きんぴら	200g	水大さじ2	大さじ1	—	大さじ1/2	—	大さじ1	サラダ油 赤唐辛子	p.143
甘煮	200g	水ひたひた	—	小さじ1/5	大さじ1 1/2	—	—	—	p.146

さくいん（素材のあつかい方、料理用語など）

●監　修　本谷惠津子

●編集協力　全国友の会
岡崎直子
関　昌昭（満寿家）

●撮　影　飯田安国
明石孝人（本社写真部）

●デザイン　茂呂田剛（M&K）
藤野悦子（M&K）
遠藤裕史（アートエンタープライズ）

●イラスト　片岡樹里
神近菜穂子

●栄養計算　小林勝子（管理栄養士）

おいしくできる・きちんとわかる
基本の家庭料理 和食篇

2005年4月25日　第1刷発行
2020年12月1日　第13刷発行

編　者　婦人之友社編集部
発行所　婦人之友社
〒171-8510　東京都豊島区西池袋2-20-16
電　話　03-3971-0101
振　替　00130-5-11600
印　刷　大日本印刷株式会社・株式会社東京印書館
製　本　大口製本印刷株式会社

　ISBN978-4-8292-0485-6

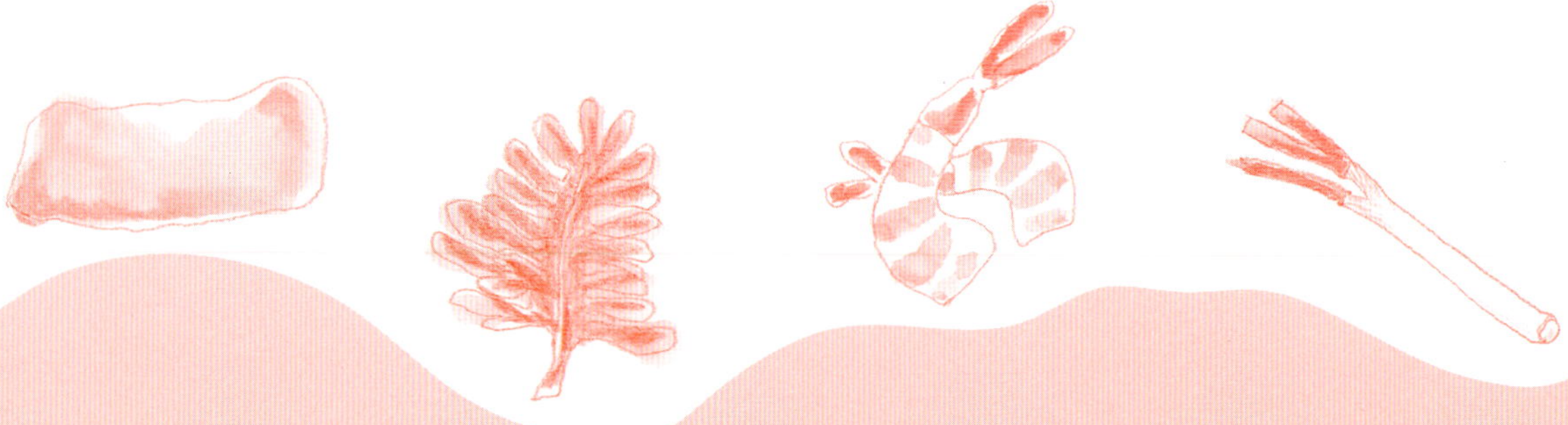